T&P BOOKS

LITOUWS

WOORDENSCHAT

THEMATISCHE WOORDENLIJST

NEDERLANDS LITOUWS

De meest bruikbare woorden
Om uw woordenschat uit te breiden en
uw taalvaardigheid aan te scherpen

3000 woorden

Thematische woordenschat Nederlands-Litouws - 3000 woorden

Door Andrey Taranov

Woordenlijsten van T&P Books zijn bedoeld om u woorden van een vreemde taal te helpen leren, onthouden, en bestudering. Dit woordenboek is ingedeeld in thema's en behandelt alle belangrijk terreinen van het dagelijkse leven, bedrijven, wetenschap, cultuur, etc.

Het proces van het leren van woorden met behulp van de op thema's gebaseerde aanpak van T&P Books biedt u de volgende voordelen:

- Correct gegroepeerde informatie is bepalend voor succes bij opeenvolgende stadia van het leren van woorden
- De beschikbaarheid van woorden die van dezelfde stam zijn maakt het mogelijk om woordgroepen te onthouden (in plaats van losse woorden)
- Kleine groepen van woorden faciliteren het proces van het aanmaken van associatieve verbindingen, die nodig zijn bij het consolideren van de woordenschat
- Het niveau van talenkennis kan worden ingeschat door het aantal geleerde woorden

T&P Books Publishing
www.tpbooks.com

ISBN: 978-1-78492-383-9

Dit boek is ook beschikbaar in e-boek formaat.
Gelieve www.tpbooks.com te bezoeken of de belangrijkste online boekwinkels.

LITOUWSE WOORDENSCHAT
nieuwe woorden leren

T&P Books woordenlijsten zijn bedoeld om u te helpen vreemde woorden te leren, te onthouden, en te bestuderen. De woordenschat bevat meer dan 3000 veel gebruikte woorden die thematisch geordend zijn.

- De woordenlijst bevat de meest gebruikte woorden
- Aanbevolen als aanvulling bij welke taalcursus dan ook
- Voldoet aan de behoeften van de beginnende en gevorderde student in vreemde talen
- Geschikt voor dagelijks gebruik, bestudering en zelftestactiviteiten
- Maakt het mogelijk om uw woordenschat te evalueren

Bijzondere kenmerken van de woordenschat

- De woorden zijn gerangschikt naar hun betekenis, niet volgens alfabet
- De woorden worden weergegeven in drie kolommen om bestudering en zelftesten te vergemakkelijken
- Woorden in groepen worden verdeeld in kleine blokken om het leerproces te vergemakkelijken
- De woordenschat biedt een handige en eenvoudige beschrijving van elk buitenlands woord

De woordenschat bevat 101 onderwerpen zoals:

Basisconcepten, getallen, kleuren, maanden, seizoenen, meeteenheden, kleding en accessoires, eten & voeding, restaurant, familieleden, verwanten, karakter, gevoelens, emoties, ziekten, stad, dorp, bezienswaardigheden, winkelen, geld, huis, thuis, kantoor, werken op kantoor, import & export, marketing, werk zoeken, sport, onderwijs, computer, internet, gereedschap, natuur, landen, nationaliteiten en meer ...

INHOUDSOPGAVE

Uitspraakgids   8
Afkortingen   10

BASISBEGRIPPEN   11

1. Voornaamwoorden   11
2. Begroetingen. Begroetingen   11
3. Vragen   12
4. Voorzetsels   12
5. Functiewoorden. Bijwoorden. Deel 1   13
6. Functiewoorden. Bijwoorden. Deel 2   14

GETALLEN. DIVERSEN   16

7. Kardinale getallen. Deel 1   16
8. Kardinale getallen. Deel 2   17
9. Ordinale getallen   17

KLEUREN. MEETEENHEDEN   18

10. Kleuren   18
11. Meeteenheden   18
12. Containers   19

BELANGRIJKSTE WERKWOORDEN   21

13. De belangrijkste werkwoorden. Deel 1   21
14. De belangrijkste werkwoorden. Deel 2   22
15. De belangrijkste werkwoorden. Deel 3   22
16. De belangrijkste werkwoorden. Deel 4   23

TIJD. KALENDER   25

17. Dagen van de week   25
18. Uren. Dag en nacht   25
19. Maanden. Seizoenen   26

REIZEN. HOTEL 29

20.	Trip. Reizen	29
21.	Hotel	29
22.	Bezienswaardigheden	30

VERVOER 32

23.	Vliegveld	32
24.	Vliegtuig	33
25.	Trein	33
26.	Schip	35

STAD 37

27.	Stedelijk vervoer	37
28.	Stad. Het leven in de stad	38
29.	Stedelijke instellingen	39
30.	Borden	40
31.	Winkelen	41

KLEDING EN ACCESSOIRES 43

32.	Bovenkleding. Jassen	43
33.	Heren & dames kleding	43
34.	Kleding. Ondergoed	44
35.	Hoofddeksels	44
36.	Schoeisel	44
37.	Persoonlijke accessoires	45
38.	Kleding. Diversen	45
39.	Persoonlijke verzorging. Schoonheidsmiddelen	46
40.	Horloges. Klokken	47

ALLEDAAGSE ERVARING 48

41.	Geld	48
42.	Post. Postkantoor	49
43.	Bankieren	49
44.	Telefoon. Telefoongesprek	50
45.	Mobiele telefoon	51
46.	Schrijfbehoeften	51
47.	Vreemde talen	52

MAALTIJDEN. RESTAURANT 54

48.	Tafelschikking	54
49.	Restaurant	54
50.	Maaltijden	54
51.	Bereide gerechten	55
52.	Voedsel	56

53. Drankjes 58
54. Groenten 59
55. Vruchten. Noten 60
56. Brood. Snoep 60
57. Kruiden 61

PERSOONLIJKE INFORMATIE. FAMILIE 62

58. Persoonlijke informatie. Formulieren 62
59. Familieleden. Verwanten 62
60. Vrienden. Collega's 63

MENSELIJK LICHAAM. GENEESKUNDE 65

61. Hoofd 65
62. Menselijk lichaam 66
63. Ziekten 66
64. Symptomen. Behandelingen. Deel 1 68
65. Symptomen. Behandelingen. Deel 2 69
66. Symptomen. Behandelingen. Deel 3 70
67. Geneeskunde. Medicijnen. Accessoires 70

APPARTEMENT 72

68. Appartement 72
69. Meubels. Interieur 72
70. Beddengoed 73
71. Keuken 73
72. Badkamer 74
73. Huishoudelijke apparaten 75

DE AARDE. WEER 76

74. De kosmische ruimte 76
75. De Aarde 77
76. Windrichtingen 78
77. Zee. Oceaan 78
78. Namen van zeeën en oceanen 79
79. Bergen 80
80. Bergen namen 81
81. Rivieren 81
82. Namen van rivieren 82
83. Bos 82
84. Natuurlijke hulpbronnen 83
85. Weer 84
86. Zwaar weer. Natuurrampen 85

FAUNA 87

87. Zoogdieren. Roofdieren 87
88. Wilde dieren 87

89. Huisdieren   88
90. Vogels   89
91. Vis. Zeedieren   91
92. Amfibieën. Reptielen   91
93. Insecten   92

FLORA   93

94. Bomen   93
95. Heesters   93
96. Vruchten. Bessen   94
97. Bloemen. Planten   95
98. Granen, graankorrels   96

LANDEN VAN DE WERELD   97

99. Landen. Deel 1   97
100. Landen. Deel 2   98
101. Landen. Deel 3   98

UITSPRAAKGIDS

Letter	Litouws voorbeeld	T&P fonetisch alfabet	Nederlands voorbeeld
Aa	adata	[a]	acht
Ąą	ąžuolas	[aː]	aan, maart
Bb	badas	[b]	hebben
Cc	cukrus	[ts]	niets, plaats
Čč	česnakas	[tʃ]	Tsjechië, cello
Dd	dumblas	[d]	Dank u, honderd
Ee	eglė	[æ]	Nederlands Nedersaksisch - dät, Engels - cat
Ęę	vedęs	[æː]	Nederlands Nedersaksisch - dät, Engels - cat
Ėė	ėdalas	[eː]	twee, ongeveer
Ff	fleita	[f]	feestdag, informeren
Gg	gandras	[g]	goal, tango
Hh	husaras	[ɣ]	liegen, gaan
I i	ižas	[i]	bidden, tint
Į į	mįslė	[iː]	team, portier
Yy	vynas	[iː]	team, portier
J j	juokas	[j]	New York, januari
Kk	kilpa	[k]	kennen, kleur
L l	laisvė	[l]	delen, luchter
Mm	mama	[m]	morgen, etmaal
Nn	nauda	[n]	nemen, zonder
Oo	ola	[o], [oː]	aankomst, rood
Pp	pirtis	[p]	parallel, koper
Rr	ragana	[r]	roepen, breken
Ss	sostinė	[s]	spreken, kosten
Šš	šūvis	[ʃ]	shampoo, machine
Tt	tėvynė	[t]	tomaat, taart
Uu	upė	[u]	hoed, doe
Ųų	siųsti	[uː]	fuut, uur
Ūū	ūmėdė	[uː]	fuut, uur
Vv	vabalas	[ʋ]	als in Noord-Nederlands - water
Zz	zuikis	[z]	zeven, zesde
Žž	žiurkė	[ʒ]	journalist, rouge

Opmerkingen

Een macron (ū), en een ogonek (ą, ę, į, ų) kunnen allemaal gebruikt worden om de klinkerlengte in het Modern Standaard Litouws te markeren. De diakritische tekens Acute (Áá Ą́ą́), grave (Àà), en tilde (Ãã Ą̃ą̃) worden gebruikt om de toonhoogte accenten aan te geven. Echter, deze toonhoogte-accenten worden over het algemeen niet geschreven, behalve in woordenboeken, grammatica's, en waar nodig voor de duidelijkheid, zoals bij homoniemen en om dialectische gebruik te differentiëren.

AFKORTINGEN
gebruikt in de woordenschat

Nederlandse afkortingen

abn	-	als bijvoeglijk naamwoord
bijv.	-	bijvoorbeeld
bn	-	bijvoeglijk naamwoord
bw	-	bijwoord
enk.	-	enkelvoud
enz.	-	enzovoort
form.	-	formele taal
inform.	-	informele taal
mann.	-	mannelijk
mil.	-	militair
mv.	-	meervoud
on.ww.	-	onovergankelijk werkwoord
ontelb.	-	ontelbaar
ov.	-	over
ov.ww.	-	overgankelijk werkwoord
telb.	-	telbaar
vn	-	voornaamwoord
vrouw.	-	vrouwelijk
vw	-	voegwoord
vz	-	voorzetsel
wisk.	-	wiskunde
ww	-	werkwoord

Nederlandse artikelen

de	-	gemeenschappelijk geslacht
de/het	-	gemeenschappelijk geslacht, onzijdig
het	-	onzijdig

Litouwse afkortingen

dgs	-	meervoud
m	-	vrouwelijk zelfstandig naamwoord
m dgs	-	vrouwelijk meervoud
v	-	mannelijk zelfstandig naamwoord
v dgs	-	mannelijk meervoud

BASISBEGRIPPEN

1. Voornaamwoorden

| ik | aš | ['aʃ] |
| jij, je | tu | ['tu] |

| hij | jìs | [jɪs] |
| zij, ze | jì | [jɪ] |

wij, we	mẽs	['mʲæs]
jullie	jũs	['ju:s]
zij, ze	jiẽ	['jiɛ]

2. Begroetingen. Begroetingen

Hallo! Dag!	Sveĩkas!	['svʲɛɪkas!]
Hallo!	Sveikì!	[svʲɛɪ'kʲɪ!]
Goedemorgen!	Lãbas rýtas!	['lʲa:bas 'rʲi:tas!]
Goedemiddag!	Labà dienà!	[lʲa'ba dʲɪɛ'na!]
Goedenavond!	Lãbas vãkaras!	['lʲa:bas 'va:karas!]

gedag zeggen (groeten)	sveĩkintis	['svʲɛɪkʲɪntʲɪs]
Hoi!	Lãbas!	['lʲa:bas!]
groeten (het)	linkéjimas (v)	[lʲɪŋ'kʲɛjɪmas]
verwelkomen (ww)	sveĩkinti	['svʲɛɪkʲɪntʲɪ]
Hoe gaat het?	Kaĩp sẽkasi?	['kʌɪp 'sʲækasʲɪ?]
Is er nog nieuws?	Kàs naũjo?	['kas 'nɑʊjɔ?]

Dag! Tot ziens!	Ikì pasimãtymo!	[ɪkʲɪ pasʲɪmatʲi:mɔ!]
Tot snel! Tot ziens!	Ikì greĩto susìtikimo!	[ɪ'kʲɪ 'grʲɛɪtɔ susʲɪtʲɪ'kʲɪmɔ!]
Vaarwel!	Lìkite sveikì!	['lʲɪkʲɪtʲɛ svʲɛɪ'kʲɪ!]
afscheid nemen (ww)	atsisveĩkinti	[atsʲɪ'svʲɛɪkʲɪntʲɪ]
Tot kijk!	Ikì!	[ɪ'kʲɪ!]

Dank u!	Ãčiū!	['a:tʃʲu:!]
Dank u wel!	Labaĩ ãčiū!	[lʲa'bʌɪ 'a:tʃʲu:!]
Graag gedaan	Prãšom.	['pra:ʃom]
Geen dank!	Nevertà padėkõs.	[nʲɛverʲta padʲe:'ko:s]
Geen moeite.	Nėrà už kã.	[nʲe:'ra 'ʊʒ ka:]

Excuseer me, … (inform.)	Atléisk!	[at'lʲɛɪsk!]
Excuseer me, … (form.)	Atléiskite!	[at'lʲɛɪskʲɪtʲɛ!]
excuseren (verontschuldigen)	atléisti	[at'lʲɛɪstʲɪ]

zich verontschuldigen	atsiprašýti	[atsʲɪpra'ʃʲɪːtʲɪ]
Mijn excuses.	Mãno atsiprãšymas.	['ma:nɔ atsʲɪ'pra:ʃʲɪːmas]
Het spijt me!	Atléiskite!	[at'lʲɛɪskʲɪtʲɛ!]

vergeven (ww)	atleisti	[at'lʲɛɪstʲɪ]
Maakt niet uit!	Nieko baisaūs.	['nʲɛkɔ bʌɪ'sɑʊs]
alsjeblieft	prāšom	['pra:ʃom]

Vergeet het niet!	Nepamiřškite!	[nʲɛpa'mʲɪrʃkʲɪtʲɛ!]
Natuurlijk!	Žinoma!	['ʒʲɪnoma!]
Natuurlijk niet!	Žinoma ne!	['ʒʲɪnoma nʲɛ!]
Akkoord!	Sutinkù!	[sʊtʲɪŋ'kʊ!]
Zo is het genoeg!	Užtēks!	[ʊʒ'tʲɛks!]

3. Vragen

Wie?	Kàs?	['kas?]
Wat?	Ką̃?	['ka:?]
Waar?	Kur̃?	['kʊr?]
Waarheen?	Kur̃?	['kʊr?]
Waar ... vandaan?	Ìš kur̃?	[ɪʃ 'kʊr?]
Wanneer?	Kadà?	[ka'da?]
Waarom?	Kám?	['kam?]
Waarom?	Kodėl?	[kɔ'dʲe:lʲ?]

Waarvoor dan ook?	Kám?	['kam?]
Hoe?	Kaìp?	['kʌɪp?]
Wat voor ...?	Kóks?	['koks?]
Welk?	Kurìs?	[kʊ'rʲɪs?]

Aan wie?	Kám?	['kam?]
Over wie?	Apiẽ ką̃?	[a'pʲɛ 'ka:?]
Waarover?	Apiẽ ką̃?	[a'pʲɛ 'ka:?]
Met wie?	Sù kuõ?	['sʊ 'kʊɑ?]

Hoeveel?	Kíek?	['kʲiɛk?]
Van wie?	Kienõ?	[kʲiɛ'no:?]

4. Voorzetsels

met (bijv. ~ beleg)	sù ...	['sʊ ...]
zonder (~ accent)	bè	['bʲɛ]
naar (in de richting van)	ì	[i:]
over (praten ~)	apiẽ	[a'pʲɛ]
voor (in tijd)	ikì	[ɪ'kʲɪ]
voor (aan de voorkant)	priẽš	['pʲrʲɛʃ]

onder (lager dan)	põ	['po:]
boven (hoger dan)	vir̃š	['vʲɪrʃ]
op (bovenop)	añt	['ant]

van (uit, afkomstig van)	ìš	[ɪʃ]
van (gemaakt van)	ìš	[ɪʃ]

over (bijv. ~ een uur)	põ ..., ùž ...	['po: ...], ['ʊʒ ...]
over (over de bovenkant)	per̃	['pʲɛr]

5. Functiewoorden. Bijwoorden. Deel 1

Waar?	Kur̃?	['kur?]
hier (bw)	čià	['tsʲæ]
daar (bw)	teñ	['tʲɛn]

ergens (bw)	kažkur̃	[kaʒ'kur]
nergens (bw)	niẽkur	['nʲɛkur]

bij ... (in de buurt)	priẽ ...	['prʲɛ ...]
bij het raam	priẽ lángo	['prʲɛ 'lʲangɔ]

Waarheen?	Kur̃?	['kur?]
hierheen (bw)	čià	['tsʲæ]
daarheen (bw)	teñ	['tʲɛn]
hiervandaan (bw)	ìš čià	[ɪʃ tsʲæ]
daarvandaan (bw)	ìš teñ	[ɪʃ tʲɛn]

dichtbij (bw)	šalià	[ʃa'lʲæ]
ver (bw)	tolì	[to'lʲɪ]

in de buurt (van ...)	šalià	[ʃa'lʲæ]
vlakbij (bw)	artì	[ar'tʲɪ]
niet ver (bw)	netolì	[nʲɛ'tolʲɪ]

linker (bn)	kairỹs	[kʌɪ'rʲi:s]
links (bw)	ìš kairė̃s	[ɪʃ kʌɪ'rʲe:s]
linksaf, naar links (bw)	į̃ kaĩrę	[i: 'kʌɪrʲɛ:]

rechter (bn)	dešinỹs	[dʲɛʃɪ'nʲi:s]
rechts (bw)	ìš dešinė̃s	[ɪʃ dʲɛʃɪ'nʲe:s]
rechtsaf, naar rechts (bw)	į̃ dẽšinę	[i: 'dʲæʃɪnʲɛ:]

vooraan (bw)	príekyje	['prʲiɛkʲi:jɛ]
voorste (bn)	príekinis	['prʲiɛkʲɪnʲɪs]
vooruit (bw)	pirmỹn	[pʲɪr'mʲi:n]

achter (bw)	galė̃	[ga'lʲɛ]
van achteren (bw)	ìš gãlo	[ɪʃ 'ga:lʲɔ]
achteruit (naar achteren)	atgãl	[at'galʲ]

midden (het)	vidurỹs (v)	[vʲɪdu'rʲi:s]
in het midden (bw)	per̃ vìdurį	['pʲɛr 'vʲɪ:durʲɪ:]

opzij (bw)	šóne	['ʃonʲɛ]
overal (bw)	visur̃	[vʲɪ'sur]
omheen (bw)	apliñkui	[ap'lʲɪŋkui]

binnenuit (bw)	ìš vidaũs	[ɪʃ vʲɪ'daus]
naar ergens (bw)	kažkur̃	[kaʒ'kur]
rechtdoor (bw)	tiẽsiai	['tʲɛsʲɛɪ]
terug (bijv. ~ komen)	atgãl	[at'galʲ]
ergens vandaan (bw)	ìš kur̃ nórs	[ɪʃ 'kur 'nors]
ergens vandaan (en dit geld moet ~ komen)	ìš kažkur̃	[ɪʃ kaʒ'kur]

ten eerste (bw)	pìrma	['pʲɪrma]
ten tweede (bw)	àntra	['antra]
ten derde (bw)	trẽčia	['trʲætʂʲæ]
plotseling (bw)	staigà	[stʌɪ'ga]
in het begin (bw)	pradžiõj	[prad'ʒʲo:j]
voor de eerste keer (bw)	pìrmą kar̃tą	['pʲɪrma: 'karta:]
lang voor … (bw)	daũg laĩko priẽš …	['dɑʊg 'lʲʌɪkɔ 'prʲɛʃ …]
opnieuw (bw)	ìš naũjo	[ɪʃ 'nɑʊjo]
voor eeuwig (bw)	visám laĩkui	[vʲɪ'sam 'lʲʌɪkʊi]
nooit (bw)	niekadà	[nʲiɛkad'a]
weer (bw)	vẽl	['vʲe:lʲ]
nu (bw)	dabar̃	[da'bar]
vaak (bw)	dažnaĩ	[daʒ'nʌɪ]
toen (bw)	tadà	[ta'da]
urgent (bw)	skubiaĩ	[skʊ'bʲɛɪ]
meestal (bw)	įprastaĩ	[i:pras'tʌɪ]
trouwens, … (tussen haakjes)	bejè, …	[bɛ'jæ, …]
mogelijk (bw)	įmãnoma	[i:'ma:noma]
waarschijnlijk (bw)	tikétina	[tʲɪ'kʲe:tʲɪna]
misschien (bw)	gãli bū́ti	['ga:lʲɪ 'bu:tʲɪ]
trouwens (bw)	bè tõ, …	['bʲɛ to:, …]
daarom …	todėl …	[to'dʲe:lʲ …]
in weerwil van …	nepaĩsant …	[nʲɛ'pʌɪsant …]
dankzij …	… dėkà	[… dʲe:'ka]
wat (vn)	kàs	['kas]
dat (vw)	kàs	['kas]
iets (vn)	kažkàs	[kaʒ'kas]
iets	kažkàs	[kaʒ'kas]
niets (vn)	niẽko	['nʲɛkɔ]
wie (~ is daar?)	kàs	['kas]
iemand (een onbekende)	kažkàs	[kaʒ'kas]
iemand (een bepaald persoon)	kažkàs	[kaʒ'kas]
niemand (vn)	niẽkas	['nʲɛkas]
nergens (bw)	niẽkur	['nʲɛkʊr]
niemands (bn)	niẽkieno	['nʲɛ'kʲiɛnɔ]
iemands (bn)	kažkienõ	[kaʒkʲiɛ'no:]
zo (Ik ben ~ blij)	taĩp	['tʌɪp]
ook (evenals)	taĩp pàt	['tʌɪp 'pat]
alsook (eveneens)	ir̃gi	['ɪrgʲɪ]

6. Functiewoorden. Bijwoorden. Deel 2

Waarom?	Kodė̃l?	[kɔ'dʲe:lʲ?]
om een bepaalde reden	kažkodė̃l	[kaʒkɔ'dʲe:lʲ]
omdat …	… todė̃l, kàd	[… to'dʲe:lʲ, 'kad]

voor een bepaald doel	kažkodėl	[kaʒko'dʲeːlʲ]
en (vw)	ỉr	[ɪr]
of (vw)	arbà	[arʲba]
maar (vw)	bèt	['bʲɛt]

te (~ veel mensen)	pernelýg	[pʲɛrnʲɛ'lʲiːg]
alleen (bw)	tiktaĩ	[tʲɪk'tʌɪ]
precies (bw)	tiksliaĩ	[tʲɪks'lʲɛɪ]
ongeveer (~ 10 kg)	maždaũg	[maʒ'dɑʊg]

omstreeks (bw)	apýtikriai	[a'pʲiːtʲɪkrʲɛɪ]
bij benadering (bn)	apýtikriai	[a'pʲiːtʲɪkrʲɛɪ]
bijna (bw)	beveĩk	[bʲɛ'vʲɛɪk]
rest (de)	vìsa kìta (m)	['vʲɪsa 'kʲɪta]

elk (bn)	kiekvíenas	[kʲɪɛk'vʲiɛnas]
om het even welk	bèt kurìs	['bʲɛt kʊ'rʲɪs]
veel (grote hoeveelheid)	daũg	['dɑʊg]
veel mensen	daũgelis	['dɑʊgʲɛlʲɪs]
iedereen (alle personen)	visì	[vʲɪ'sʲɪ]

in ruil voor ...	mainaĩs į̃ ...	[mʌɪ'nʌɪs iː ..]
in ruil (bw)	mainaĩs	[mʌɪ'nʌɪs]
met de hand (bw)	rañkiniu būdù	['raŋkʲɪnʲʊ buː'dʊ]
onwaarschijnlijk (bw)	kažì	[ka'ʒʲɪ]

waarschijnlijk (bw)	tikriáusiai	[tʲɪk'rʲæʊsʲɛɪ]
met opzet (bw)	týčia	['tʲiːtʂʲæ]
toevallig (bw)	netýčia	[nʲɛ'tʲiːtʂʲæ]

zeer (bw)	labaĩ	[lʲa'bʌɪ]
bijvoorbeeld (bw)	pãvyzdžiui	['pa:vʲiːzdʒʲʊi]
tussen (~ twee steden)	taȓp	['tarp]
tussen (te midden van)	taȓp	['tarp]
zoveel (bw)	tiẽk	['tʲɛk]
vooral (bw)	ýpač	['ɪːpatʂ]

GETALLEN. DIVERSEN

7. Kardinale getallen. Deel 1

nul	nùlis	['nʊlʲɪs]
een	víenas	['vʲiɛnas]
twee	dù	['dʊ]
drie	trìs	['trʲɪs]
vier	keturì	[kʲɛtʊ'rʲɪ]
vijf	penkì	[pʲɛŋ'kʲɪ]
zes	šešì	[ʃɛ'ʃɪ]
zeven	septynì	[sʲɛptʲiː'nʲɪ]
acht	aštuonì	[aʃtʊɑ'nʲɪ]
negen	devynì	[dʲɛvʲiː'nʲɪ]
tien	dẽšimt	['dʲæʃɪmt]
elf	vienúolika	[vʲiɛ'nʊɑlʲɪka]
twaalf	dvýlika	['dvʲiːlʲɪka]
dertien	trýlika	['trʲiːlʲɪka]
veertien	keturiólika	[kʲɛtʊ'rʲɔlʲɪka]
vijftien	penkiólika	[pʲɛŋ'kʲɔlʲɪka]
zestien	šešiólika	[ʃɛ'ʃɔlʲɪka]
zeventien	septyniólika	[sʲɛptʲiː'nʲɔlʲɪka]
achttien	aštuoniólika	[aʃtʊɑ'nʲɔlʲɪka]
negentien	devyniólika	[dʲɛvʲiː'nʲɔlʲɪka]
twintig	dvìdešimt	['dvʲɪdʲɛʃɪmt]
eenentwintig	dvìdešimt víenas	['dvʲɪdʲɛʃɪmt 'vʲiɛnas]
tweeëntwintig	dvìdešimt dù	['dvʲɪdʲɛʃɪmt 'dʊ]
drieëntwintig	dvìdešimt trìs	['dvʲɪdʲɛʃɪmt 'trʲɪs]
dertig	trìsdešimt	['trʲɪsdʲɛʃɪmt]
eenendertig	trìsdešimt víenas	['trʲɪsdʲɛʃɪmt 'vʲiɛnas]
tweeëndertig	trìsdešimt dù	['trʲɪsdʲɛʃɪmt 'dʊ]
drieëndertig	trìsdešimt trìs	['trʲɪsdʲɛʃɪmt 'trʲɪs]
veertig	kẽturiasdešimt	['kʲætʊrʲæsdʲɛʃɪmt]
eenenveertig	kẽturiasdešimt víenas	['kʲætʊrʲæsdʲɛʃɪmt 'vʲiɛnas]
tweeënveertig	kẽturiasdešimt dù	['kʲætʊrʲæsdʲɛʃɪmt 'dʊ]
drieënveertig	kẽturiasdešimt trìs	['kʲætʊrʲæsdʲɛʃɪmt 'trʲɪs]
vijftig	peñkiasdešimt	['pʲɛŋkʲæsdʲɛʃɪmt]
eenenvijftig	peñkiasdešimt víenas	['pʲɛŋkʲæsdʲɛʃɪmt 'vʲiɛnas]
tweeënvijftig	peñkiasdešimt dù	['pʲɛŋkʲæsdʲɛʃɪmt 'dʊ]
drieënvijftig	peñkiasdešimt trìs	['pʲɛŋkʲæsdʲɛʃɪmt 'trʲɪs]
zestig	šẽšiasdešimt	['ʃæʃæsdʲɛʃɪmt]
eenenzestig	šẽšiasdešimt víenas	['ʃæʃæsdʲɛʃɪmt 'vʲiɛnas]

tweeënzestig	šešiasdešimt dù	[ˈʃæʃæsdʲɛʃɪmt ˈdʊ]
drieënzestig	šešiasdešimt trìs	[ˈʃæʃæsdʲɛʃɪmt ˈtrʲɪs]
zeventig	septýniasdešimt	[sʲɛpˈtʲiːnʲæsdʲɛʃɪmt]
eenenzeventig	septýniasdešimt víenas	[sʲɛpˈtʲiːnʲæsdʲɛʃɪmt ˈvʲiɛnas]
tweeënzeventig	septýniasdešimt dù	[sʲɛpˈtʲiːnʲæsdʲɛʃɪmt ˈdʊ]
drieënzeventig	septýniasdešimt trìs	[sʲɛptʲiːnʲæsdʲɛʃɪmt ˈtrʲɪs]
tachtig	aštúoniasdešimt	[aʃˈtʊɑnʲæsdʲɛʃɪmt]
eenentachtig	aštúoniasdešimt víenas	[aʃˈtʊɑnʲæsdʲɛʃɪmt ˈvʲiɛnas]
tweeëntachtig	aštúoniasdešimt dù	[aʃˈtʊɑnʲæsdʲɛʃɪmt ˈdʊ]
drieëntachtig	aštúoniasdešimt trìs	[aʃˈtʊɑnʲæsdʲɛʃɪmt ˈtrʲɪs]
negentig	devýniasdešimt	[dʲɛˈvʲiːnʲæsdʲɛʃɪmt]
eenennegentig	devýniasdešimt víenas	[dʲɛˈvʲiːnʲæsdʲɛʃɪmt ˈvʲiɛnas]
tweeënnegentig	devýniasdešimt dù	[dʲɛˈvʲiːnʲæsdʲɛʃɪmt ˈdʊ]
drieënnegentig	devýniasdešimt trìs	[dʲɛˈvʲiːnʲæsdʲɛʃɪmt ˈtrʲɪs]

8. Kardinale getallen. Deel 2

honderd	šimtas	[ˈʃɪmtas]
tweehonderd	dù šimtaì	[ˈdʊ ʃɪmˈtʌɪ]
driehonderd	trìs šimtaì	[ˈtrʲɪs ʃɪmˈtʌɪ]
vierhonderd	keturì šimtaì	[kʲɛtʊˈrʲɪ ʃɪmˈtʌɪ]
vijfhonderd	penkì šimtaì	[pʲɛŋˈkʲɪ ʃɪmˈtʌɪ]
zeshonderd	šešì šimtaì	[ʃɛˈʃʲɪ ʃɪmˈtʌɪ]
zevenhonderd	septynì šimtaì	[sʲɛptʲiːnʲɪ ˈʃɪmtʌɪ]
achthonderd	aštuonì šimtaì	[aʃtʊɑˈnʲɪ ʃɪmˈtʌɪ]
negenhonderd	devynì šimtaì	[dʲɛvʲiːˈnʲɪ ʃɪmˈtʌɪ]
duizend	tū́kstantis	[ˈtuːkstantʲɪs]
tweeduizend	dù tū́kstančiai	[ˈdʊ ˈtuːkstantʂʲɛɪ]
drieduizend	trỹs tū́kstančiai	[ˈtrʲiːs ˈtuːkstantʂʲɛɪ]
tienduizend	dẽšimt tū́kstančių	[ˈdʲæʃɪmt ˈtuːkstantʂʲuː]
honderdduizend	šimtas tū́kstančių	[ˈʃɪmtas ˈtuːkstantʂʲuː]
miljoen (het)	milijõnas (v)	[mʲɪlʲɪˈjɔːnas]
miljard (het)	milijárdas (v)	[mʲɪlʲɪˈjardas]

9. Ordinale getallen

eerste (bn)	pìrmas	[ˈpʲɪrmas]
tweede (bn)	añtras	[ˈantras]
derde (bn)	trẽčias	[ˈtrʲætʂʲæs]
vierde (bn)	ketvìrtas	[kʲɛtˈvʲɪrtas]
vijfde (bn)	peñktas	[ˈpʲɛŋktas]
zesde (bn)	šẽštas	[ˈʃæʃtas]
zevende (bn)	septiñtas	[sʲɛpˈtʲɪntas]
achtste (bn)	aštuñtas	[aʃˈtʊntas]
negende (bn)	deviñtas	[dʲɛˈvʲɪntas]
tiende (bn)	dešimtas	[dʲɛˈʃɪmtas]

KLEUREN. MEETEENHEDEN

10. Kleuren

kleur (de)	spalvà (m)	[spalⁱ'va]
tint (de)	ãtspalvis (v)	['a:tspalⁱvⁱɪs]
kleurnuance (de)	tònas (v)	['tonas]
regenboog (de)	vaivórykštė (m)	[vʌɪ'vorⁱi:kʃtⁱe:]

wit (bn)	baltà	[balⁱ'ta]
zwart (bn)	juodà	[juɑ'da]
grijs (bn)	pilkà	[pⁱɪlⁱ'ka]

groen (bn)	žalià	[ʒa'lⁱæ]
geel (bn)	geltóna	[gⁱɛlⁱ'tona]
rood (bn)	raudóna	[rɑu'dona]

blauw (bn)	mėlyna	['mⁱe:lⁱi:na]
lichtblauw (bn)	žydrà	[ʒⁱi:d'ra]
roze (bn)	rõžinė	['ro:ʒⁱɪnⁱe:]
oranje (bn)	oránžinė	[o'ranʒⁱɪnⁱe:]
violet (bn)	violètinė	[vⁱɪjo'lⁱɛtⁱɪnⁱe:]
bruin (bn)	rudà	[rʊ'da]

goud (bn)	auksìnis	[ɑʊk'sⁱɪnⁱɪs]
zilverkleurig (bn)	sidabrìnis	[sⁱɪda'brⁱɪnⁱɪs]

beige (bn)	smėlio spalvõs	['smⁱe:lⁱɔ spalⁱ'vo:s]
roomkleurig (bn)	krèminės spalvõs	['krⁱɛmⁱɪnⁱe:s spalⁱ'vo:s]
turkoois (bn)	tùrkio spalvõs	['tʊrkⁱɔ spalⁱ'vo:s]
kersrood (bn)	výšnių spalvõs	[vⁱi:ʃnⁱu: spalⁱ'vo:s]
lila (bn)	alỹvų spalvõs	[a'lⁱi:vu: spalⁱ'vo:s]
karmijnrood (bn)	aviètinės spalvõs	[a'vⁱɛtⁱɪnⁱe:s spalⁱ'vo:s]

licht (bn)	šviesì	[ʃvⁱiɛ'sⁱɪ]
donker (bn)	tamsì	[tam'sⁱɪ]
fel (bn)	ryškì	[rⁱi:ʃkⁱɪ]

kleur-, kleurig (bn)	spalvótas	[spalⁱ'votas]
kleuren- (abn)	spalvótas	[spalⁱ'votas]
zwart-wit (bn)	juodaĩ báltas	[juɑ'dʌɪ 'balⁱtas]
eenkleurig (bn)	vienspálvis	[vⁱiɛns'palⁱvⁱɪs]
veelkleurig (bn)	įvairiaspálvis	[i:vʌɪrⁱæs'palⁱvⁱɪs]

11. Meeteenheden

gewicht (het)	svõris (v)	['svo:rⁱɪs]
lengte (de)	ìlgis (v)	[ilⁱgⁱɪs]

breedte (de)	plōtis (v)	['plʲoːtʲɪs]
hoogte (de)	aūkštis (v)	['ɑʊkʃtʲɪs]
diepte (de)	gȳlis (v)	['gʲiːlʲɪs]
volume (het)	tūris (v)	['tuːrʲɪs]
oppervlakte (de)	plótas (v)	['plʲotas]

gram (het)	grāmas (v)	['graːmas]
milligram (het)	miligrāmas (v)	[mʲɪlʲɪ'graːmas]
kilogram (het)	kilogrāmas (v)	[kʲɪlʲo'graːmas]
ton (duizend kilo)	tonà (m)	[to'na]
pond (het)	svāras (v)	['svaːras]
ons (het)	ùncija (m)	['ʊntsʲɪjɛ]

meter (de)	mètras (v)	['mʲɛtras]
millimeter (de)	milimètras (v)	[mʲɪlʲɪ'mʲɛtras]
centimeter (de)	centimètras (v)	[tsʲɛntʲɪ'mʲɛtras]
kilometer (de)	kilomètras (v)	[kʲɪlʲo'mʲɛtras]
mijl (de)	mylià (m)	[mʲiː:lʲæ]

duim (de)	cólis (v)	['tsolʲɪs]
voet (de)	pėdà (m)	[pʲeː'da]
yard (de)	járdas (v)	[jardas]

| vierkante meter (de) | kvadrãtinis mètras (v) | [kvad'raːtʲɪnʲɪs 'mʲɛtras] |
| hectare (de) | hektãras (v) | [yʲɛk'taːras] |

liter (de)	lìtras (v)	['lʲɪtras]
graad (de)	láipsnis (v)	['lʲʌɪpsnʲɪs]
volt (de)	vòltas (v)	['volʲtas]
ampère (de)	ampèras (v)	[am'pʲɛras]
paardenkracht (de)	árklio galià (m)	['arklʲɔ ga'lʲæ]

hoeveelheid (de)	kiēkis (v)	['kʲɛkʲɪs]
een beetje ...	nedaūg ...	[nʲɛ'dɑʊg ...]
helft (de)	pùsė (m)	['pʊsʲeː]
dozijn (het)	tùzinas (v)	['tʊzʲɪnas]
stuk (het)	víenetas (v)	['vʲiɛnʲɛtas]

| afmeting (de) | dȳdis (v), išmatāvimai (v dgs) | ['dʲiːdʲɪs], [iʃma'taːvɪmʌɪ] |
| schaal (bijv. ~ van 1 op 50) | mastèlis (v) | [mas'tʲælʲɪs] |

minimaal (bn)	minimalùs	[mʲɪnʲɪma'lʲʊs]
minste (bn)	mažiáusias	[ma'ʒʲæʊsʲæs]
medium (bn)	vidutìnis	[vʲɪdʊ'tʲɪnʲɪs]
maximaal (bn)	maksimalùs	[maksʲɪma'lʲʊs]
grootste (bn)	didžiáusias	[dʲɪ'dʒʲæʊsʲæs]

12. Containers

glazen pot (de)	stiklaĭnis (v)	[stʲɪk'lʲʌɪnʲɪs]
blik (conserven~)	skardìnė (m)	[skar'dʲɪnʲeː]
emmer (de)	kìbiras (v)	['kʲɪbʲɪras]
ton (bijv. regenton)	statìnė (m)	[sta'tʲɪnʲeː]
ronde waterbak (de)	dubenėlis (v)	[dʊbe'nʲeːlʲɪs]

tank (bijv. watertank-70-ltr)	bãkas (v)	['ba:kas]
heupfles (de)	kólba (m)	['kolʲba]
jerrycan (de)	kanìstras (v)	[ka'nʲɪstras]
tank (bijv. ketelwagen)	bãkas (v)	['ba:kas]

beker (de)	puodẽlis (v)	[puɑ'dʲælʲɪs]
kopje (het)	puodẽlis (v)	[puɑ'dʲælʲɪs]
schoteltje (het)	lékštẽlẽ (m)	[lʲe:kʃtʲælʲe:]
glas (het)	stìklas (v)	['stʲɪklʲas]
wijnglas (het)	taurẽ (m)	[tɑu'rʲe:]
steelpan (de)	púodas (v)	['puɑdas]

fles (de)	bùtelis (v)	['butʲɛlʲɪs]
flessenhals (de)	kãklas (v)	['ka:klʲas]

karaf (de)	grafìnas (v)	[gra'fɪnas]
kruik (de)	ąsõtis (v)	[a:'so:tʲɪs]
vat (het)	iñdas (v)	['ɪndas]
pot (de)	púodas (v)	['puɑdas]
vaas (de)	vazà (m)	[va'za]

flacon (de)	bùtelis (v)	['butʲɛlʲɪs]
flesje (het)	buteliùkas (v)	[butʲɛ'lʲukas]
tube (bijv. ~ tandpasta)	tūbà (m)	[tu:'ba]

zak (bijv. ~ aardappelen)	maĩšas (v)	['mʌɪʃas]
tasje (het)	pakètas (v)	[pa'kʲɛtas]
pakje (~ sigaretten, enz.)	plúoštas (v)	['plʲuɑʃtas]

doos (de)	dẽžẽ (m)	[dʲe:'ʒʲe:]
kist (de)	dẽžẽ (m)	[dʲe:'ʒʲe:]
mand (de)	krepšỹs (v)	[krʲɛp'ʃɪ:s]

BELANGRIJKSTE WERKWOORDEN

13. De belangrijkste werkwoorden. Deel 1

aanbevelen (ww)	rekomendúoti	[rʲɛkomʲɛn'dʊatʲɪ]
aandringen (ww)	reikaláuti	[rʲɛɪka'ɫʲɑʊtʲɪ]
aankomen (per auto, enz.)	atvažiúoti	[atva'ʒʲʊatʲɪ]
aanraken (ww)	čiupinéti	[tʂʲʊpʲɪ'rʲnʲe:tʲɪ]
adviseren (ww)	patarinéti	[patarʲɪ'nʲe:tʲɪ]

afdalen (on.ww.)	léistis	['lʲɛɪstʲɪs]
afslaan (naar rechts ~)	súkti	['sʊktʲɪ]
antwoorden (ww)	atsakýti	[atsa'kʲi:tʲɪ]
bang zijn (ww)	bijóti	[bʲɪ'jotʲɪ]
bedreigen (bijv. met een pistool)	grasìnti	[gra'sʲɪntʲɪ]

bedriegen (ww)	apgaudinéti	[apgɑʊdʲɪ'nʲe:tʲɪ]
beëindigen (ww)	užbaìgti	[ʊʒ'bʌɪktʲɪ]
beginnen (ww)	pradéti	[pra'dʲe:tʲɪ]
begrijpen (ww)	suprásti	[sʊp'rastʲɪ]
beheren (managen)	vadováuti	[vado'vɑʊtʲɪ]

beledigen (met scheldwoorden)	įžeidinéti	[i:ʒʲɛɪdʲɪ'nʲe:tʲɪ]
beloven (ww)	žadéti	[ʒa'dʲe:tʲɪ]
bereiden (koken)	gamìnti	[ga'mʲɪntʲɪ]
bespreken (spreken over)	aptarinéti	[aptarʲɪ'nʲætʲɪ]

bestellen (eten ~)	užsakinéti	[ʊʒsakʲɪ'nʲe:tʲɪ]
bestraffen (een stout kind ~)	baũsti	['bɑʊstʲɪ]
betalen (ww)	mokéti	[mo'kʲe:tʲɪ]
betekenen (beduiden)	réikšti	['rʲɛɪkʃtʲɪ]
betreuren (ww)	gailétis	[gʌɪ'lʲe:tʲɪs]

bevallen (prettig vinden)	patìkti	[pa'tʲɪktʲɪ]
bevelen (mil.)	nurodinéti	[nʊrodʲɪ'nʲe:tʲɪ]
bevrijden (stad, enz.)	išláisvinti	[ɪʃʲɫʲʌɪsvʲɪntʲɪ]
bewaren (ww)	sáugoti	['sɑʊgotʲɪ]
bezitten (ww)	mokéti	[mo'kʲe:tʲɪ]

bidden (praten met God)	melstis	['mʲɛlʲstʲɪs]
binnengaan (een kamer ~)	įeĩti	[i:'ɛɪtʲɪ]
breken (ww)	láužyti	['lʲɑʊʒʲi:tʲɪ]
controleren (ww)	kontroliúoti	[kontro'lʲʊatʲɪ]
creëren (ww)	sukùrti	[sʊ'kʊrtʲɪ]

deelnemen (ww)	dalyváuti	[dalʲi:'vɑʊtʲɪ]
denken (ww)	galvóti	[galʲ'votʲɪ]
doden (ww)	žudýti	[ʒʊ'dʲi:tʲɪ]

| doen (ww) | darýti | [da'rʲi:tʲɪ] |
| dorst hebben (ww) | noréti gérti | [no'rʲe:tʲɪ 'gʲært·ɪ] |

14. De belangrijkste werkwoorden. Deel 2

een hint geven	užsimiñti	[ʊʒsʲɪ'mʲɪntʲɪ]
eisen (met klem vragen)	reikaláuti	[rʲɛɪka'lʲɑʊtʲɪ]
excuseren (vergeven)	atléisti	[at'lʲɛɪstʲɪ]
existeren (bestaan)	egzistúoti	[ɛgzʲɪs'tʊɑtʲɪ]
gaan (te voet)	eĩti	['ɛɪtʲɪ]

gaan zitten (ww)	séstis	['sʲe:stʲɪs]
gaan zwemmen	máudytis	['mɑʊdʲi:tʲɪs]
geven (ww)	dúoti	['dʊatʲɪ]
glimlachen (ww)	šypsótis	[ʃɪ:p'sotʲɪs]
goed raden (ww)	atspéti	[at'spʲe:tʲɪ]

grappen maken (ww)	juokáuti	[jʊɑ'kɑʊtʲɪ]
graven (ww)	raũsti	['rɑʊstʲɪ]
hebben (ww)	turéti	[tʊ'rʲe:tʲɪ]
helpen (ww)	padéti	[pa'dʲe:tʲɪ]
herhalen (opnieuw zeggen)	kartóti	[kar'totʲɪ]
honger hebben (ww)	noréti válgyti	[no'rʲe:tʲɪ 'valʲgʲi:tʲɪ]

hopen (ww)	tikétis	[tʲɪ'kʲe:tʲɪs]
horen (waarnemen met het oor)	girdéti	[gʲɪr'dʲe:tʲɪ]
huilen (wenen)	veȓkti	['vʲɛrktʲɪ]
huren (huis, kamer)	núomotis	['nʊamotʲɪs]
informeren (informatie geven)	informúoti	[ɪnfor'mʊatʲɪ]
instemmen (akkoord gaan)	sutìkti	[sʊ'tʲɪktʲɪ]
jagen (ww)	medžióti	[mʲɛ'dʒʲotʲɪ]
kennen (kennis hebben van iemand)	pažinóti	[paʒʲɪ'notʲɪ]
kiezen (ww)	išsiriñkti	[ɪʃsʲɪ'rʲɪŋktʲɪ]
klagen (ww)	skũstis	['sku:stʲɪs]

kosten (ww)	kainúoti	[kʌɪ'nʊatʲɪ]
kunnen (ww)	galéti	[ga'lʲe:tʲɪ]
lachen (ww)	juõktis	['jʊaktʲɪs]
laten vallen (ww)	numèsti	[nʊ'mʲɛstʲɪ]
lezen (ww)	skaitýti	[skʌɪ'tʲi:tʲɪ]

liefhebben (ww)	myléti	[mʲi:'lʲe:tʲɪ]
lunchen (ww)	pietáuti	[pʲiɛ'tɑʊtʲɪ]
nemen (ww)	im̃ti	['ɪmtʲɪ]
nodig zijn (ww)	bũti reikalìngu	['bu:tʲɪ rʲɛɪka'lʲɪngʊ]

15. De belangrijkste werkwoorden. Deel 3

| onderschatten (ww) | neįvértinti | [nʲɛɪ:'vʲɛrtʲɪntʲɪ] |
| ondertekenen (ww) | pasirašinéti | [pasʲɪraʃɪ'nʲe:tʲɪ] |

ontbijten (ww)	pùsryčiauti	['pʊsrʲi:tʂʲɛʊtʲɪ]
openen (ww)	atidarýti	[atʲɪda'rʲi:tʲɪ]
ophouden (ww)	nustóti	[nʊ'stotʲɪ]
opmerken (zien)	pastebéti	[paste'bʲe:tʲɪ]

opscheppen (ww)	gìrtis	['gʲɪrtʲɪs]
opschrijven (ww)	užrašinéti	[ʊʒraʃɪ'nʲe:tʲɪ]
plannen (ww)	planúoti	[plʲa'nʊatʲɪ]
prefereren (verkiezen)	teĩkti pirmenýbę	['tʲɛɪktʲɪ pʲɪrmʲɛ'nʲi:bʲɛ:]
proberen (trachten)	bandýti	[ban'dʲi:tʲɪ]
redden (ww)	gélbéti	['gʲælʲbʲe:tʲɪ]

rekenen op ...	tikétis ...	[tʲɪ'kʲe:tʲɪs ...]
rennen (ww)	bégti	['bʲe:ktʲɪ]
reserveren	rezervúoti	[rʲɛzʲɛr'vʊatʲɪ]
(een hotelkamer ~)		
roepen (om hulp)	kviẽsti	['kvʲɛstʲɪ]
schieten (ww)	šáudyti	['ʃaʊdʲi:tʲɪ]
schreeuwen (ww)	šaũkti	['ʃaʊktʲɪ]

schrijven (ww)	rašýti	[ra'ʃɪ:tʲɪ]
souperen (ww)	vakarieniáuti	[vakarʲiɛ'nʲæʊtʲɪ]
spelen (kinderen)	žaĩsti	['ʒʌɪstʲɪ]
spreken (ww)	sakýti	[sa'kʲi:tʲɪ]
stelen (ww)	võgti	['vo:ktʲɪ]
stoppen (pauzeren)	sustóti	[sʊs'totʲɪ]

studeren (Nederlands ~)	studijúoti	[stʊdʲɪ'jʊatʲɪ]
sturen (zenden)	išsiųsti	[ɪʃ'sʲu:stʲɪ]
tellen (optellen)	skaičiúoti	[skʌɪ'tʂʲʊatʲɪ]
toebehoren ...	priklausýti	[prʲɪklʲaʊ'sʲi:tʲɪ]
toestaan (ww)	leĩsti	['lʲɛɪstʲɪ]
tonen (ww)	ródyti	['rodʲi:tʲɪ]

twijfelen (onzeker zijn)	abejóti	[abʲɛ'jotʲɪ]
uitgaan (ww)	išeĩti	[ɪ'ʃɛɪtʲɪ]
uitnodigen (ww)	kviẽsti	['kvʲɛstʲɪ]
uitspreken (ww)	ištaŕti	[ɪʃ'tartʲɪ]
uitvaren tegen (ww)	báŕti	['bartʲɪ]

16. De belangrijkste werkwoorden. Deel 4

vallen (ww)	krìsti	['krʲɪstʲɪ]
vangen (ww)	gáudyti	['gaʊdʲi:tʲɪ]
veranderen (anders maken)	pakeĩsti	[pa'kʲɛɪstʲɪ]
verbaasd zijn (ww)	stebétis	[ste'bʲe:tʲɪs]
verbergen (ww)	slépti	['slʲe:ptʲɪ]

verdedigen (je land ~)	giñti	['gʲɪntʲɪ]
verenigen (ww)	apjùngti	[a'pjʊŋktʲɪ]
vergelijken (ww)	lýginti	['lʲi:gʲɪntʲɪ]
vergeten (ww)	užmíršti	[ʊʒ'mʲɪrʃtʲɪ]
vergeven (ww)	atléisti	[at'lʲɛɪstʲɪ]
verklaren (uitleggen)	paáiškinti	[pa'ʌɪʃkʲɪntʲɪ]

verkopen (per stuk ~)	pardavinéti	[pardavʲɪ'nʲeːtʲɪ]
vermelden (praten over)	minéti	[mʲɪ'nʲeːtʲɪ]
versieren (decoreren)	puõšti	['puɑʃtʲɪ]
vertalen (ww)	versti	['vʲɛrstʲɪ]

vertrouwen (ww)	pasitikéti	[pasʲɪtʲɪ'kʲeːtʲɪ]
vervolgen (ww)	tęsti	['tʲɛːstʲɪ]
verwarren (met elkaar ~)	suklýsti	[sʊk'lʲiːstʲɪ]
verzoeken (ww)	prašýti	[pra'ʃɪːtʲɪ]
verzuimen (school, enz.)	praleidinéti	[pralʲɛɪdʲɪ'nʲeːtʲɪ]

vinden (ww)	ràsti	['rastʲɪ]
vliegen (ww)	skrìsti	['skrʲɪstʲɪ]
volgen (ww)	sèkti ...	['sʲɛktʲɪ ...]
voorstellen (ww)	siũlyti	['sʲuːlʲiːtʲɪ]
voorzien (verwachten)	numatýti	[nʊma'tʲiːtʲɪ]
vragen (ww)	kláusti	['klʲaʊstʲɪ]

waarnemen (ww)	stebéti	[ste'bʲeːtʲɪ]
waarschuwen (ww)	pérspéti	['pʲɛrspʲeːtʲɪ]
wachten (ww)	láukti	['lʲaʊktʲɪ]
weerspreken (ww)	prieštaráuti	[prʲiɛʃta'raʊtʲɪ]
weigeren (ww)	atsisakýti	[atsʲɪsa'kʲiːtʲɪ]

werken (ww)	dìrbti	['dʲɪrptʲɪ]
weten (ww)	žinóti	[ʒɪ'notʲɪ]
willen (verlangen)	noréti	[no'rʲeːtʲɪ]
zeggen (ww)	pasakýti	[pasa'kʲiːtʲɪ]
zich haasten (ww)	skubéti	[skʊ'bʲeːtʲɪ]

zich interesseren voor ...	dométis	[do'mʲeːtʲɪs]
zich vergissen (ww)	klýsti	['klʲiːstʲɪ]
zich verontschuldigen	atsiprašinéti	[atsʲɪpraʃɪ'nʲeːtʲɪ]
zien (ww)	matýti	[ma'tʲiːtʲɪ]

zoeken (ww)	ieškóti	[ɪɛʃ'kotʲɪ]
zwemmen (ww)	plaũkti	['plʲaʊktʲɪ]
zwijgen (ww)	tyléti	[tʲiː'lʲeːtʲɪ]

TIJD. KALENDER

17. Dagen van de week

maandag (de)	pirmãdienis (v)	[pʲɪr'ma:dʲiɛnʲɪs]
dinsdag (de)	antrãdienis (v)	[an'tra:dʲiɛnʲɪs]
woensdag (de)	trečiãdienis (v)	[trʲɛ'tʂʲæ:dʲiɛnʲɪs]
donderdag (de)	ketvirtãdienis (v)	[kʲɛtvʲɪr'ta:dʲiɛnʲɪs]
vrijdag (de)	penktãdienis (v)	[pʲɛŋk'ta:dʲiɛnʲɪs]
zaterdag (de)	šeštãdienis (v)	[ʃɛʃ'ta:dʲiɛnʲɪs]
zondag (de)	sekmãdienis (v)	[sʲɛk'ma:dʲiɛnʲɪs]
vandaag (bw)	šiañdien	['ʃænʲdʲiɛn]
morgen (bw)	rytój	[rʲi:'toj]
overmorgen (bw)	porýt	[po'rʲi:t]
gisteren (bw)	vãkar	['va:kar]
eergisteren (bw)	užvakar	['uʒvakar]
dag (de)	dienà (m)	[dʲiɛ'na]
werkdag (de)	dárbo dienà (m)	['darbɔ dʲiɛ'na]
feestdag (de)	šveñtinė dienà (m)	['ʃvɛntʲɪnʲe: dʲiɛ'na]
verlofdag (de)	išeiginė dienà (m)	[ɪʃɛɪ'gʲɪnʲe: dʲiɛ'na]
weekend (het)	saváitgalis (v)	[sa'vʌɪtgalʲɪs]
de hele dag (bw)	vìsą diẽną	['vʲɪsa: 'dʲɛna:]
de volgende dag (bw)	sẽkančią diẽną	['sʲe̝kantsʲæ: 'dʲɛna:]
twee dagen geleden	priẽš dvì dienàs	['prʲɛʃ 'dvʲɪ dʲiɛ'nas]
aan de vooravond (bw)	ìšvakarése	['ɪʃvakarʲe:se]
dag-, dagelijks (bn)	kasdiẽnis	[kas'dʲɛnʲɪs]
elke dag (bw)	kasdiẽn	[kas'dʲɛn]
week (de)	saváitė (m)	[sa'vʌɪtʲe:]
vorige week (bw)	prãeitą saváitę	['praɛɪta: sa'vʌɪtʲɛ:]
volgende week (bw)	ateĩnančią saváitę	[a'tʲɛɪnantsʲæ: sa'vʌɪtʲɛ:]
wekelijks (bn)	kassaváitinis	[kassa'vʌɪtʲɪnʲɪs]
elke week (bw)	kàs saváitę	['kas sa'vʌɪtʲɛ:]
twee keer per week	dù kartùs peĩ saváitę	['du kar'tus pʲɛr sa'vʌɪtʲɛ:]
elke dinsdag	kiekvíeną antrãdienį	[kʲiɛk'vʲɪːɛna: an'tra:dʲɪːɛnʲɪ:]

18. Uren. Dag en nacht

morgen (de)	rýtas (v)	['rʲi:tas]
's morgens (bw)	rytè	[rʲi:'tʲɛ]
middag (de)	vidùrdienis (v)	[vʲɪ'durdʲiɛnʲɪs]
's middags (bw)	popiẽt	[po'pʲɛt]
avond (de)	vãkaras (v)	['va:karas]
's avonds (bw)	vakarè	[vaka'rʲɛ]

nacht (de)	naktìs (m)	[nak'tʲɪs]
's nachts (bw)	nãktį̇	['naːktiː]
middernacht (de)	vidùrnaktis (v)	[vʲɪ'dʊrnaktʲɪs]

seconde (de)	sekùndė (m)	[sʲɛ'kʊndʲeː]
minuut (de)	minùtė (m)	[mʲɪ'nʊtʲe:]
uur (het)	valandà (m)	[valʲan'da]
halfuur (het)	pùsvalandis (v)	['pʊsvalʲandʲɪs]
kwartier (het)	ketvìrtis valandõs	[kʲɛt'vʲɪrtʲɪs valʲan'doːs]
vijftien minuten	penkiólika minùčių	[pʲɛŋ'kʲolʲɪka mʲɪ'nʊtʂʲuː]
etmaal (het)	parà (m)	[pa'ra]

zonsopgang (de)	sáulės patekéjimas (v)	['saʊlʲeːs patʲɛ'kʲɛjɪmas]
dageraad (de)	aušrà (m)	[aʊʃ'ra]
vroege morgen (de)	ankstývas rýtas (v)	[aŋk'stʲiːvas 'rʲiːtas]
zonsondergang (de)	saulélydis (v)	[saʊ'lʲeːlʲiːdʲɪs]

's morgens vroeg (bw)	ankstì rytė	[aŋk'stʲɪ rʲiː'tʲɛ]
vanmorgen (bw)	šiañdien rytė	['ʃændʲiɛn rʲiː'tʲɛ]
morgenochtend (bw)	rytój rytė	[rʲiː'toj rʲiː'tʲɛ]

vanmiddag (bw)	šiañdien diēną	['ʃæn'dʲɛn 'dʲiɛnaː]
's middags (bw)	popiẽt	[po'pʲɛt]
morgenmiddag (bw)	rytój popiẽt	[rʲiː'toj po'pʲɛt]

| vanavond (bw) | šiañdien vakarė | ['ʃændʲiɛn vaka'rʲɛ] |
| morgenavond (bw) | rytój vakarė | [rʲiː'toj vaka'rʲɛ] |

klokslag drie uur	lýgiai trẽčią vãlandą	['lʲiːgʲɛɪ 'trʲætsʲæ: 'vaːlanda:]
ongeveer vier uur	apiẽ ketvìrtą vãlandą	[a'pʲɛ kʲɛtvʲɪrta: vaːlʲanda:]
tegen twaalf uur	dvýliktai vãlandai	['dvʲiːlʲɪktʌɪ 'vaːlandʌɪ]

over twintig minuten	ùž dvidešimtiẽs minùčių	['ʊʒ dvʲɪdʲɛʃɪm'tʲɛs mʲɪ'nʊtʂʲuː]
over een uur	ùž valandõs	['ʊʒ valʲan'doːs]
op tijd (bw)	laikù	[lʲʌɪ'kʊ]

kwart voor ...	bė ketvìrčio	['bʲɛ 'kʲɛtvʲɪrtʂʲo]
binnen een uur	valandõs bėgyje	[valʲan'doːs 'bʲɛːgʲiːje]
elk kwartier	kàs penkiólika minùčių	['kas pʲɛŋ'kʲolʲɪka mʲɪ'nʊtʂʲuː]
de klok rond	vìsą pãrą (m)	['vʲɪsa: 'paːraː]

19. Maanden. Seizoenen

januari (de)	saũsis (v)	['saʊsʲɪs]
februari (de)	vasãris (v)	[va'saːrʲɪs]
maart (de)	kovàs (v)	[kɔ'vas]
april (de)	balañdis (v)	[ba'lʲandʲɪs]
mei (de)	gegužė̃ (m)	[gʲɛgʊ'ʒʲeː]
juni (de)	biržẽlis (v)	[bʲɪrʒʲælʲɪs]

juli (de)	líepa (m)	['lʲiɛpa]
augustus (de)	rugpjútis (v)	[rʊg'pjuːtʲɪs]
september (de)	rugséjis (v)	[rʊg'sʲɛjɪs]
oktober (de)	spãlis (v)	['spaːlʲɪs]

| november (de) | lãpkritis (v) | ['lʲa:pkrʲɪtʲɪs] |
| december (de) | grúodis (v) | ['gruɑdʲɪs] |

lente (de)	pavãsaris (v)	[pa'va:sarʲɪs]
in de lente (bw)	pavãsarį	[pa'va:sarʲɪ:]
lente- (abn)	pavasarìnis	[pavasa'rʲɪnʲɪs]

zomer (de)	vãsara (m)	['va:sara]
in de zomer (bw)	vãsarą	['va:sara:]
zomer-, zomers (bn)	vasarìnis	[vasa'rʲɪnʲɪs]

herfst (de)	ruduõ (v)	[rʊ'dʊɑ]
in de herfst (bw)	rùdenį	['rʊdʲɛnʲɪ:]
herfst- (abn)	rudenìnis	[rʊdʲɛ'nʲɪnʲɪs]

winter (de)	žiemà (m)	[ʒʲiɛ'ma]
in de winter (bw)	žiẽmą	['ʒʲɛma:]
winter- (abn)	žiemìnis	[ʒʲiɛ'mʲɪnʲɪs]

maand (de)	ménuo (v)	['mʲe:nʊɑ]
deze maand (bw)	šį̃ ménesį	[ʃɪ: 'mʲe:nesʲɪ:]
volgende maand (bw)	kìtą ménesį	['kʲɪ:ta: 'mʲe:nesʲɪ:]
vorige maand (bw)	prãeitą ménesį	['praʲɛɪta: 'mʲe:nesʲɪ:]

een maand geleden (bw)	priẽš ménesį	['prʲɪ:ɛʃ 'mʲe:nesʲɪ:]
over een maand (bw)	ùž ménesio	['ʊʒ 'mʲe:nesʲɔ]
over twee maanden (bw)	ùž dvejų̃ ménesių	['ʊʒ dve'ju: 'mʲe:nesʲu:]
de hele maand (bw)	vìsą ménesį	['vʲɪsa: 'mʲe:nesʲɪ:]
een volle maand (bw)	vìsą ménesį	['vʲɪsa: 'mʲe:nesʲɪ:]

maand-, maandelijks (bn)	kasmènesìnis	[kasmʲe:ne'sʲɪnʲɪs]
maandelijks (bw)	kàs ménesį	['kas 'mʲe:nesʲɪ:]
elke maand (bw)	kiekvíeną ménesį	[kʲiɛk'vʲi:ɛna: 'mʲe:nesʲɪ:]
twee keer per maand	dù kartùs peř ménesį	['dʊ kar'tʊs per 'mʲe:nesʲɪ:]

jaar (het)	mẽtai (v dgs)	['mʲætʌɪ]
dit jaar (bw)	šiaĩs mẽtais	['ʃɛɪs 'mʲætʌɪs]
volgend jaar (bw)	kitaĩs mẽtais	[kʲɪ'tʌɪs 'mʲætʌɪs]
vorig jaar (bw)	praeitaĩs mẽtais	[praʲɛɪ'tʌɪs 'mʲætʌɪs]

een jaar geleden (bw)	priẽš metùs	['prʲɛʃ mʲɛ'tʊs]
over een jaar	ùž mẽtų	['ʊʒ 'mʲætu:]
over twee jaar	ùž dvejų̃ mẽtų	['ʊʒ dvʲɛ'ju: 'mʲætu:]
het hele jaar	visùs metùs	[vʲɪ'sʊs mʲɛ'tʊs]
een vol jaar	visùs metùs	[vʲɪ'sʊs mʲɛ'tʊs]

elk jaar	kàs metùs	['kas mʲɛ'tʊs]
jaar-, jaarlijks (bn)	kasmetìnis	[kasmʲɛ'tʲɪnʲɪs]
jaarlijks (bw)	kàs metùs	['kas mʲɛ'tʊs]
4 keer per jaar	kẽturis kartùs peř metùs	['kʲætʊrʲɪs kar'tʊs pʲɛr mʲɛ'tʊs]

datum (de)	dienà (m)	[dʲiɛ'na]
datum (de)	datà (m)	[da'ta]
kalender (de)	kalendõrius (v)	[kalʲɛn'do:rʲʊs]
een half jaar	pùsė mẽtų	['pʊsʲe: 'mʲætu:]

27

zes maanden	pùsmetis (v)	['pʊsmʲɛtʲɪs]
seizoen (bijv. lente, zomer)	sezònas (v)	[sʲɛ'zonas]
eeuw (de)	ámžius (v)	['amʒʲʊs]

REIZEN. HOTEL

20. Trip. Reizen

toerisme (het)	turizmas (v)	[tʊ'rʲɪzmas]
toerist (de)	turistas (v)	[tʊ'rʲɪstas]
reis (de)	kelionė (m)	[kʲɛ'lʲoːnʲeː]
avontuur (het)	nuotykis (v)	['nʊatʲiːkʲɪs]
tocht (de)	išvyka (m)	['ɪʃvʲiːka]
vakantie (de)	atostogos (m dgs)	[a'tostogos]
met vakantie zijn	atostogáuti	[atosto'gaʊtʲɪ]
rust (de)	poilsis (v)	['poɪlʲsʲɪs]
trein (de)	traukinỹs (v)	[traʊkʲɪ'nʲiːs]
met de trein	tráukiniu	['traʊkʲɪnʲʊ]
vliegtuig (het)	léktùvas (v)	[lʲeːk'tʊvas]
met het vliegtuig	léktuvù	[lʲeːktʊ'vʊ]
met de auto	automobiliù	[aʊtomobʲɪ'lʲʊ]
per schip (bw)	laivù	[lʲʌɪ'vʊ]
bagage (de)	bagãžas (v)	[ba'gaːʒas]
valies (de)	lagaminas (v)	[lʲaga'mʲɪnas]
bagagekarretje (het)	bagãžo vežimėlis (v)	[ba'gaːʒɔ veʒʲɪ'mʲeːlʲɪs]
paspoort (het)	pãsas (v)	['paːsas]
visum (het)	vizà (m)	[vʲɪ'za]
kaartje (het)	bilietas (v)	['bʲɪlʲiɛtas]
vliegticket (het)	léktùvo bilietas (v)	[lʲeːk'tʊvo 'bʲɪlʲiɛtas]
reisgids (de)	vadõvas (v)	[va'doːvas]
kaart (de)	žemélapis (v)	[ʒe'mʲeːlʲapʲɪs]
gebied (landelijk ~)	vietóvė (m)	[vʲiɛ'tovʲeː]
plaats (de)	vietà (m)	[vʲiɛ'ta]
exotische bestemming (de)	egzòtika (m)	[ɛg'zotʲɪka]
exotisch (bn)	egzòtinis	[ɛg'zotʲɪnʲɪs]
verwonderlijk (bn)	nuostabùs	[nʊasta'bʊs]
groep (de)	grùpė (m)	['grʊpʲeː]
rondleiding (de)	ekskùrsija (m)	[ɛks'kʊrsʲɪjɛ]
gids (de)	ekskùrsijos vadõvas (v)	[ɛks'kʊrsʲɪjos va'doːvas]

21. Hotel

motel (het)	motèlis (v)	[mo'tʲɛlʲɪs]
3-sterren	3 žvaigždùtės	['trʲɪs ʒvʌɪgʒ'dʊtʲeːs]
5-sterren	5 žvaigždùtės	['penʲkʲos ʒvʌɪgʒ'dʊtʲeːs]

overnachten (ww)	apsistóti	[apsⁱɪs'totⁱɪ]
kamer (de)	kambarỹs (v)	[kamba'rⁱi:s]
eenpersoonskamer (de)	vienvietis kambarỹs (v)	['vⁱiɛn'vⁱɛtⁱɪs kamba'rⁱi:s]
tweepersoonskamer (de)	dvivietis kambarỹs (v)	[dvⁱɪ'vⁱɛtⁱɪs kamba'rⁱi:s]
een kamer reserveren	rezervúoti kaṁbarį	[rⁱɛzⁱɛr'vʋɑtⁱɪ 'kambarⁱɪ:]

halfpension (het)	pusiáu pensiónas (v)	[pusⁱæʋ pⁱɛnsⁱɪ'jonas]
volpension (het)	pensiónas (v)	[pⁱɛnsⁱɪ'jonas]

met badkamer	sù vonià	['sʋ vo'nⁱæ]
met douche	sù dušù	['sʋ dʋ'ʃʋ]
satelliet-tv (de)	palydóvinė televìzija (m)	[palⁱi:'do:vⁱɪnⁱe: tⁱɛlⁱɛ'vⁱɪzⁱɪjɛ]
airconditioner (de)	kondicioniérius (v)	[kondⁱɪtsⁱɪjo'nⁱɛrⁱʋs]
handdoek (de)	rañkšluostis (v)	['raŋkʃlʋɑstⁱɪs]
sleutel (de)	rãktas (v)	['ra:ktas]

administrateur (de)	administrãtorius (v)	[admⁱɪnⁱɪs'tra:torⁱʋs]
kamermeisje (het)	kambarìnė (m)	[kamba'rⁱɪnⁱe:]
piccolo (de)	nešìkas (v)	[nⁱɛ'ʃɪkas]
portier (de)	registrãtorius (v)	[rⁱɛgⁱɪs'tra:torⁱʋs]

restaurant (het)	restorãnas (v)	[rⁱɛsto'ra:nas]
bar (de)	bãras (v)	['ba:ras]
ontbijt (het)	pùsryčiai (v dgs)	['pusrⁱi:tʂⁱɛɪ]
avondeten (het)	vakariénė (m)	[vaka'rⁱɛnⁱe:]
buffet (het)	švèdiškas stãlas (v)	['ʃvⁱɛdⁱɪʃkas 'sta:lⁱas]

hal (de)	vestibiùlis (v)	[vⁱɛstⁱɪ'bⁱʋlⁱɪs]
lift (de)	lìftas (v)	['lⁱɪftas]

NIET STOREN	NETRUKDÝTI	[nⁱɛtrʋk'dⁱi:tⁱɪ]
VERBODEN TE ROKEN!	NERŪKÝTI!	[nⁱɛru:'kⁱi:tⁱɪ]

22. Bezienswaardigheden

monument (het)	pamiñklas (v)	[pa'mⁱɪŋklⁱas]
vesting (de)	tvirtóvė (m)	[tvⁱɪr'tovⁱe:]
paleis (het)	rũmai (v)	['ru:mʌɪ]
kasteel (het)	pilìs (m)	[pⁱɪ'lⁱɪs]
toren (de)	bókštas (v)	['bokʃtas]
mausoleum (het)	mauzoliẽjus (v)	[mɑuzo'lⁱɛjus]

architectuur (de)	architektūrà (m)	[arxⁱɪtⁱɛktu:'ra]
middeleeuws (bn)	viduramžių	[vⁱɪ'dʋramʒⁱu:]
oud (bn)	senóvinis	[sⁱɛ'novⁱɪnⁱɪs]
nationaal (bn)	nacionãlinis	[natsⁱɪjo'na:lⁱɪnⁱɪs]
bekend (bn)	žymùs	[ʒⁱi:'mus]

toerist (de)	turìstas (v)	[tʋ'rⁱɪstas]
gids (de)	gìdas (v)	['gⁱɪdas]
rondleiding (de)	ekskùrsija (m)	[ɛks'kursⁱɪjɛ]
tonen (ww)	ródyti	['rodⁱi:tⁱɪ]
vertellen (ww)	pãsakoti	['pa:sakotⁱɪ]
vinden (ww)	ràsti	['rastⁱɪ]

verdwalen (de weg kwijt zijn)	pasiklýsti	[pasʲɪ'klʲiːstʲɪ]
plattegrond (~ van de metro)	schemà (m)	[sxʲɛ'ma]
plattegrond (~ van de stad)	plãnas (v)	['plʲaːnas]

souvenir (het)	suvenỹras (v)	[sʊvʲɛ'nʲiːras]
souvenirwinkel (de)	suvenỹrų parduotùvė (m)	[sʊve'nʲiːru: pardʊɑ'tʊvʲeː]
een foto maken (ww)	fotografúoti	[fotogra'fʊatʲɪ]
zich laten fotograferen	fotografúotis	[fotogra'fʊatʲɪs]

VERVOER

23. Vliegveld

luchthaven (de)	óro úostas (v)	['orɔ 'ʋɑstas]
vliegtuig (het)	léktuvas (v)	[lʲe:k'tʋvas]
luchtvaartmaatschappij (de)	aviakompănija (m)	[avʲækoʰm'pa:nʲɪjɛ]
luchtverkeersleider (de)	dispėčeris (v)	[dʲɪs'pʲɛtʂʲɛrʲɪs]

vertrek (het)	išskridìmas (v)	[ɪʃskrʲɪ'dʲɪmas]
aankomst (de)	atskridìmas (v)	[atskrʲɪ'dʲɪmas]
aankomen (per vliegtuig)	atskrìsti	[ats'krʲɪstʲɪ]

vertrektijd (de)	išvykìmo laìkas (v)	[ɪʃvʲi:'kʲɪmɔ 'lʲʌɪkas]
aankomstuur (het)	atvykìmo laìkas (v)	[atvʲi:'kʲɪmɔ 'lʲʌɪkas]

vertraagd zijn (ww)	vėlúoti	[vʲe:'lʲʋɑtʲɪ]
vluchtvertraging (de)	skrỹdžio atidėjìmas (v)	['skrʲi:dʐʲɔ atʲɪdʲe:'jɪmas]

informatiebord (het)	informăcinė švieslentė (m)	[ɪnfor'ma:tsʲɪnʲe: 'ʃvʲɛslʲɛntʲe:]
informatie (de)	informăcija (m)	[ɪnfor'ma:tsʲɪjɛ]
aankondigen (ww)	paskélbti	[pas'kʲɛlʲptʲɪ]
vlucht (bijv. KLM ~)	reìsas (v)	['rʲɛɪsas]

douane (de)	muìtinė (m)	['mʋɪtʲɪnʲe:]
douanier (de)	muìtininkas (v)	['mʋɪtʲɪnʲɪŋkas]

douaneaangifte (de)	deklarăcija (m)	[dʲɛklʲa'ra:tsʲɪjɛ]
invullen (douaneaangifte ~)	užpìldyti	[ʊʒ'pʲɪlʲdʲi:tʲɪ]
een douaneaangifte invullen	užpìldyti deklarăciją	[ʊʒ'pʲɪlʲdʲi:tʲɪ dʲɛkla'ra:tsɪja:]
paspoortcontrole (de)	pasŭ kontrolė (m)	[pa'su: kon'trolʲe:]

bagage (de)	bagăžas (v)	[ba'ga:ʒas]
handbagage (de)	raṅkinis bagăžas (v)	['raŋkʲɪnʲɪs ba'ga:ʒas]
bagagekarretje (het)	vežimėlis (v)	[vʲɛʒʲɪ'mʲe:lʲɪs]

landing (de)	įlaipìnimas (v)	[i:lʲʌɪ'pʲɪ:nʲɪmas]
landingsbaan (de)	nusileidìmo tăkas (v)	[nʋsʲɪlʲɛɪ'dʲɪmɔ ta:kas]
landen (ww)	léistis	['lʲɛɪstʲɪs]
vliegtuigtrap (de)	laiptėliai (v dgs)	[lʌɪp'tʲæelʲɛɪ]

inchecken (het)	registrăcija (m)	[rʲɛgʲɪs'tra:tsʲɪjɛ]
incheckbalie (de)	registrăcijos stălas (v)	[rʲɛgʲɪs'tra:tsʲɪjɔs 'sta:lʲas]
inchecken (ww)	užsiregistrúoti	[ʊʒsʲɪrʲɛgʲɪs'trʋɑtʲɪ]
instapkaart (de)	įlipìmo talònas (v)	[i:lʲɪ'pʲɪ:mɔ ta'lonas]
gate (de)	išėjìmas (v)	[ɪʃʲe:'jɪmas]

transit (de)	tranzìtas (v)	[tran'zʲɪtas]
wachten (ww)	láukti	['lʲɑʋktʲɪ]
wachtzaal (de)	laukiamàsis (v)	[lʲɑʋkʲæ'masʲɪs]

begeleiden (uitwuiven)	lydéti	[lʲiː'dʲeːtʲɪ]
afscheid nemen (ww)	atsisvéikinti	[atsʲɪ'svʲɛɪkʲɪntʲɪ]

24. Vliegtuig

vliegtuig (het)	léktuvas (v)	[lʲeːk'tʊvas]
vliegticket (het)	léktuvo bílietas (v)	[lʲeːk'tʊvɔ 'bʲɪlʲiɛtas]
luchtvaartmaatschappij (de)	aviakompánija (m)	[avʲæœkom'paːnʲɪjɛ]
luchthaven (de)	óro úostas (v)	['orɔ 'ʊastas]
supersonisch (bn)	viršgarsìnis	[vʲɪrʃgar'sʲɪnʲɪs]

gezagvoerder (de)	órlaivio kapitõnas (v)	['orlʲʌɪvʲɔ kapʲɪ'toːnas]
bemanning (de)	ekipãžas (v)	[ɛkʲɪ'paːʒas]
piloot (de)	pilótas (v)	[pʲɪ'lʲotas]
stewardess (de)	stiuardėsė (m)	[stʲʊar'dʲɛsʲeː]
stuurman (de)	štùrmanas (v)	['ʃtʊrmanas]

vleugels (mv.)	sparnaĩ (v dgs)	[spar'nʌɪ]
staart (de)	gãlas (v)	['gaːlʲas]
cabine (de)	kabinà (m)	[kabʲɪ'na]
motor (de)	varìklis (v)	[va'rʲɪklʲɪs]
landingsgestel (het)	važiuõklė (m)	[vaʒʲʊ'oːklʲeː]
turbine (de)	turbinà (m)	[tʊrbʲɪ'na]
propeller (de)	propèleris (v)	[pro'pʲɛlʲɛrʲɪs]
zwarte doos (de)	juodà dėžė̃ (m)	[jʊa'da dʲeːʒʲeː]
stuur (het)	vairãratis (v)	[vʌɪ'raːratʲɪs]
brandstof (de)	degalaĩ (v dgs)	[dʲɛga'lʲʌɪ]

veiligheidskaart (de)	instrùkcija (m)	[ɪns'trʊktsʲɪjɛ]
zuurstofmasker (het)	deguõnies káukė (m)	[dʲɛgʊa'nʲiɛs 'kauk'eː]
uniform (het)	unifòrma (m)	[ʊnʲɪ'forma]
reddingsvest (de)	gélbėjimosi liemẽnė (m)	['gʲælʲbʲeːjimosʲɪ lʲiɛ'mʲænʲeː]
parachute (de)	parašiùtas (v)	[para'ʃʊtas]
opstijgen (het)	kilìmas (v)	[kʲɪ'lʲɪmas]
opstijgen (ww)	kìlti	['kʲɪlʲtʲɪ]
startbaan (de)	kilìmo tãkas (v)	[kʲɪ'lʲɪmɔ 'taːkas]

zicht (het)	matomùmas (v)	[mato'mʊmas]
vlucht (de)	skrỹdis (v)	['skrʲiːdʲɪs]
hoogte (de)	aũkštis (v)	['aʊkʃtʲɪs]
luchtzak (de)	óro duobė̃ (m)	['orɔ dʊa'bʲeː]

plaats (de)	vietà (m)	[vʲiɛ'ta]
koptelefoon (de)	ausìnės (m dgs)	[au'sʲɪnʲeːs]
tafeltje (het)	atverčiamàsis staliùkas (v)	[atvʲɛrtʲæ'masʲɪs sta'lʲʊkas]
venster (het)	iliuminãtorius (v)	[ɪlʲʊmʲɪ'na:torʲʊs]
gangpad (het)	praėjìmas (v)	[prae:'jɪmas]

25. Trein

trein (de)	traukinỹs (v)	[traʊkʲɪ'nʲiːs]
elektrische trein (de)	elektrìnis traukinỹs (v)	[ɛlʲɛk'trʲɪnʲɪs traʊkʲɪ'nʲiːs]

sneltrein (de)	greitàsis traukinỹs (v)	[gr'ɛɪ'tas'ɪs trɑʊk'ɪ'n'iːs]
diesellocomotief (de)	motòrvežis (v)	[mo'torv'ɛʒ'ɪs]
locomotief (de)	garvežỹs (v)	[garv'ɛ'ʒ'iːs]
rijtuig (het)	vagònas (v)	[va'gonas]
restauratierijtuig (het)	vagònas restorãnas (v)	[va'gonas r'ɛsto'raːnas]
rails (mv.)	bėgiai (v dgs)	['b'eːg'ɛɪ]
spoorweg (de)	geležìnkelis (v)	[g'ɛl'ɛ'ʒ'ɪŋk'ɛl'ɪs]
dwarsligger (de)	pãbėgis (v)	['pa:b'eːg'ɪs]
perron (het)	platfòrma (m)	[pl'at'forma]
spoor (het)	kẽlias (v)	['k'æl'æs]
semafoor (de)	semafòras (v)	[s'ɛma'foras]
halte (bijv. kleine treinhalte)	stotìs (m)	[sto't'ɪs]
machinist (de)	mašinìstas (v)	[maʃ'ɪ'n'ɪstas]
kruier (de)	nešìkas (v)	[n'ɛ'ʃ'ɪkas]
conducteur (de)	kondùktorius (v)	[kon'dʊktor'ʊs]
passagier (de)	keleìvis (v)	[k'ɛ'l'ɛɪv'ɪs]
controleur (de)	kontroliẽrius (v)	[kontro'l'ɛr'ʊs]
gang (in een trein)	koridorius (v)	[kɔ'r'ɪdor'ʊs]
noodrem (de)	stãbdymo krãnas (v)	['sta:bd'iːmɔ 'kraːnas]
coupé (de)	kupẽ (m)	[kʊ'p'eː]
bed (slaapplaats)	lentýna (m)	[l'ɛn't'iːna]
bovenste bed (het)	viršutìnė lentýna (m)	[v'ɪrʃʊ't'ɪn'e: l'ɛn't'iːna]
onderste bed (het)	apatìnė lentýna (m)	[apa't'ɪn'e: l'ɛn't'iːna]
beddengoed (het)	pãtalynė (m)	['pa:tal'iːn'e:]
kaartje (het)	bìlietas (v)	['b'ɪl'iɛtas]
dienstregeling (de)	tvarkãraštis (v)	[tvar'ka:raʃt'ɪs]
informatiebord (het)	šviẽslentė (m)	['ʃv'ɛsl'ɛnt'e:]
vertrekken	išvỹkti	[ɪʃ'v'iːkt'ɪ]
(De trein vertrekt ...)		
vertrek (ov. een trein)	išvykìmas (v)	[ɪʃv'i:'k'ɪmas]
aankomen (ov. de treinen)	atvỹkti	[at'v'i:kt'ɪ]
aankomst (de)	atvykìmas (v)	[atv'i:'k'ɪmas]
aankomen per trein	atvažiúoti tráukiniu	[atva'ʒ'ʊɑt'ɪ 'trɑʊk'ɪn'ʊ]
in de trein stappen	įlìpti į́ tráukinį	[i:l'ɪ:pt'ɪ iː 'trɑʊk'ɪn'ɪː]
uit de trein stappen	išlìpti ìš tráukinio	[ɪʃ'l'ɪpt'ɪ ɪʃ 'trɑʊk'ɪn'ɔ]
treinwrak (het)	katastrofà (m)	[katastro'fa]
ontspoord zijn	nulẽkti nuõ bėgių	[nʊ'l'eːkt'ɪ 'nʊɑ 'b'eːg'uː]
locomotief (de)	garvežỹs (v)	[garv'ɛ'ʒ'iːs]
stoker (de)	kūrìkas (v)	[ku:'r'ɪkas]
stookplaats (de)	kūryklà (m)	[ku:r'i:k'l'a]
steenkool (de)	anglìs (m)	[ang'l'ɪs]

26. Schip

schip (het)	laĩvas (v)	['lʲʌɪvas]
vaartuig (het)	laĩvas (v)	['lʲʌɪvas]

stoomboot (de)	gárlaivis (v)	['garlʲʌɪvʲɪs]
motorschip (het)	motòrlaivis (v)	[mo'torlʲʌɪvʲɪs]
lijnschip (het)	láineris (v)	['lʲʌɪnʲɛrʲɪs]
kruiser (de)	kreĩseris (v)	['krʲɛɪsʲɛrʲɪs]

jacht (het)	jachtà (m)	[jax'ta]
sleepboot (de)	vilkìkas (v)	[vʲɪlʲ"kʲɪkas]
duwbak (de)	bárža (m)	['barʒa]
ferryboot (de)	kéltas (v)	['kʲɛlʲtas]

zeilboot (de)	bùrinis laĩvas (v)	['burʲɪnʲɪs 'lʲʌɪvas]
brigantijn (de)	brigantinà (m)	[brʲɪgantʲɪ'na]

IJsbreker (de)	ledlaužis (v)	['lʲædlɑuʒʲɪs]
duikboot (de)	povandenìnis laĩvas (v)	[povandʲɛ'nʲɪnʲɪs 'lʲʌɪvas]

boot (de)	váltis (m)	['valʲtʲɪs]
sloep (de)	váltis (m)	['valʲtʲɪs]
reddingssloep (de)	gélbėjimo váltis (m)	['gʲælʲbʲe:jɪmɔ 'valʲtʲɪs]
motorboot (de)	kãteris (v)	['ka:tʲɛrʲɪs]

kapitein (de)	kapitõnas (v)	[kapʲɪ'to:nas]
zeeman (de)	jūreĩvis (v)	[ju:'rʲɛɪvʲɪs]
matroos (de)	jūrininkas (v)	['ju:rʲɪnʲɪŋkas]
bemanning (de)	ekipãžas (v)	[ɛkʲɪ'pa:ʒas]

bootsman (de)	bòcmanas (v)	['botsmanas]
scheepsjongen (de)	jùnga (m)	['juŋga]
kok (de)	virėjas (v)	[vʲɪ'rʲe:jas]
scheepsarts (de)	laĩvo gýdytojas (v)	['lʲʌɪvɔ 'gʲi:dʲi:to:jɛs]

dek (het)	denis (v)	['dʲænʲɪs]
mast (de)	stíebas (v)	['stʲiɛbas]
zeil (het)	bùrė (m)	['burʲe:]

ruim (het)	triùmas (v)	['trʲumas]
voorsteven (de)	laĩvo príekis (v)	['lʲʌɪvɔ 'prʲiɛkʲɪs]
achtersteven (de)	laivãgalis (v)	[lʌɪ'va:galʲɪs]
roeispaan (de)	ìrklas (v)	['ɪrklʲas]
schroef (de)	sráigtas (v)	['srʌɪktas]

kajuit (de)	kajùtė (m)	[ka'jutʲe:]
officierskamer (de)	kajutkompãnija (m)	[kajutkom'pa:nʲɪjɛ]
machinekamer (de)	mašìnų skỹrius (v)	[ma'ʃɪnu: 'skʲi:rʲus]
brug (de)	kapitõno tiltẽlis (v)	[kapʲɪ'to:nɔ tʲɪlʲ"tʲælʲɪs]
radiokamer (de)	rãdijo kabinà (m)	['ra:dʲɪjo kabʲɪ'na]
radiogolf (de)	bangà (m)	[ban'ga]
logboek (het)	laĩvo žurnãlas (v)	['lʲʌɪvɔ ʒurʲna:lʲas]
verrekijker (de)	žiūrõnas (v)	[ʒʲu:'ro:nas]
klok (de)	laĩvo skam̃balas (v)	['lʲʌɪvɔ 'skambalʲas]

vlag (de)	vėliava (m)	['vʲeːlʲæva]
kabel (de)	lýnas (v)	['lʲiːnas]
knoop (de)	mãzgas (v)	['maːzgas]

trapleuning (de)	turėklai (v dgs)	[tʊ'rʲeːklʲʌɪ]
trap (de)	trãpas (v)	['traːpas]

anker (het)	iñkaras (v)	['ɪŋkaras]
het anker lichten	pakélti iñkarą	[pa'kʲɛlʲtʲɪ 'ɪŋkaraː]
het anker neerlaten	nuléisti iñkarą	[nʊ'lʲɛɪstʲɪ 'ɪŋkaraː]
ankerketting (de)	iñkaro grandinė (m)	['ɪŋkarɔ gran'dʲɪnʲeː]

haven (bijv. containerhaven)	úostas (v)	['ʊastas]
kaai (de)	príeplauka (m)	['prʲɪɛplʲɑʊka]
aanleggen (ww)	prisišvartúoti	[prʲɪsʲɪʃvar'tʊatʲɪ]
wegvaren (ww)	išplaũkti	[ɪʃplʲɑʊktʲɪ]

reis (de)	keliõnė (m)	[kʲɛ'lʲoːnʲeː]
cruise (de)	kruĩzas (v)	[krʊ'ɪzas]
koers (de)	kùrsas (v)	['kʊrsas]
route (de)	maršrùtas (v)	[marʃ'rʊtas]

vaarwater (het)	farvãteris (v)	[far'vaːtʲɛrʲɪs]
zandbank (de)	seklumà (m)	[sʲɛklʲʊ'ma]
stranden (ww)	užplaũkti añt seklumõs	[ʊʒ'plʲɑʊktʲɪ ant sʲɛklʲʊ'moːs]

storm (de)	audrà (m)	[ɑʊd'ra]
signaal (het)	signãlas (v)	[sʲɪg'naːlʲas]
zinken (ov. een boot)	skęsti	['skʲɛːstʲɪ]
Man overboord!	Žmogùs vandenyjè!	[ʒmo'gʊs vandʲɛnʲiː'jæ!]
SOS (noodsignaal)	SOS	[ɛs ɔ ɛs]
reddingsboei (de)	gélbėjimosi rãtas (v)	[gʲɛlʲbʲeːjimosʲɪ 'raːtas]

STAD

27. Stedelijk vervoer

bus, autobus (de)	autobusas (v)	[auto'busas]
tram (de)	tramvȧjus (v)	[tram'va:jʊs]
trolleybus (de)	troleibusas (v)	[trolʲɛɪ'busas]
route (de)	maršrutas (v)	[marʃʲrʊtas]
nummer (busnummer, enz.)	numeris (v)	['numʲɛrʲɪs]

rijden met ...	važiuoti ...	[vaˈʒʲʊɑtʲɪ ...]
stappen (in de bus ~)	įlipti į̇ ...	[i:'lʲɪːptʲɪ i: ...]
afstappen (ww)	išlipti iš ...	[ɪʃʲlʲɪptʲɪ ɪʃ ...]

halte (de)	stotelė (m)	[sto'tʲælʲe:]
volgende halte (de)	kita stotelė (m)	[kʲɪ'ta sto'tʲælʲe:]
eindpunt (het)	galutinė stotelė (m)	[galʊ'tʲɪnʲe: sto'tʲælʲe:]
dienstregeling (de)	tvarkaraštis (v)	[tvar'ka:raʃtʲɪs]
wachten (ww)	laukti	['lʲaʊktʲɪ]

kaartje (het)	bilietas (v)	['bʲɪlʲiɛtas]
reiskosten (de)	bilieto kaina (m)	['bʲɪlʲiɛtɔ 'kʌɪna]

kassier (de)	kasininkas (v)	['ka:sʲɪnʲɪŋkas]
kaartcontrole (de)	kontrolė (m)	[kɔn'trolʲe:]
controleur (de)	kontrolierius (v)	[kɔntro'lʲɛrʲʊs]

te laat zijn (ww)	veluoti	[vʲe:'lʲʊɑtʲɪ]
missen (de bus ~)	paveluoti	[pavʲe:'lʲʊɑtʲɪ]
zich haasten (ww)	skubeti	[skʊ'bʲe:tʲɪ]

taxi (de)	taksi (v)	[tak'sʲɪ]
taxichauffeur (de)	taksistas (v)	[tak'sʲɪstas]
met de taxi (bw)	su taksi	['sʊ tak'sʲɪ]
taxistandplaats (de)	taksi stovejimo aikštelė (m)	[tak'sʲɪ sto'vʲɛjɪmɔ ʌɪkʃ'tʲælʲe:]
een taxi bestellen	iškviesti taksi	[ɪʃk'vʲɛstʲɪ tak'sʲɪ]
een taxi nemen	įsesti į̇ taksi	[i:sʲes'tʲɪ i: tak'sʲɪ:]

verkeer (het)	gatvės judejimas (v)	['ga:tvʲe:s jʊ'dʲɛjɪmas]
file (de)	kamštis (v)	['kamʃtʲɪs]
spitsuur (het)	piko valandos (m dgs)	['pʲɪkɔ 'va:lʲandos]
parkeren (on.ww.)	parkuotis	[par'kʊɑtʲɪs]
parkeren (ov.ww.)	parkuoti	[par'kʊɑtʲɪ]
parking (de)	stovejimo aikštelė (m)	[sto'vʲɛjɪmɔ ʌɪkʃ'tʲælʲe:]

metro (de)	metro	[mʲɛ'tro]
halte (bijv. kleine treinhalte)	stotis (m)	[sto'tʲɪs]
de metro nemen	važiuoti metro	[vaˈʒʲʊɑtʲɪ mʲɛ'tro]
trein (de)	traukinys (v)	[trɑʊkʲɪ'nʲi:s]
station (treinstation)	stotis (m)	[sto'tʲɪs]

28. Stad. Het leven in de stad

stad (de)	miẽstas (v)	['mʲɛstas]
hoofdstad (de)	sóstinė (m)	['sostʲɪnʲeː]
dorp (het)	káimas (v)	['kʌɪmas]
plattegrond (de)	miẽsto plãnas (v)	['mʲɛstɔ 'plʲaːnas]
centrum (ov. een stad)	miẽsto ceñtras (v)	['mʲɛstɔ 'tsʲɛntras]
voorstad (de)	príemiestis (v)	['prʲɛmʲɛstʲɪs]
voorstads- (abn)	príemiesčio	['prʲɛmʲɛstsʲɔ]
randgemeente (de)	pakraštỹs (v)	[pakraʃtʲiːs]
omgeving (de)	apýlinkės (m dgs)	[aˈpʲiːlʲɪŋkʲeːs]
blok (huizenblok)	kvartãlas (v)	[kvarˈtaːlʲas]
woonwijk (de)	gyvẽnamas kvartãlas (v)	[gʲiːˈvʲænamas kvarˈtaːlʲas]
verkeer (het)	judėjimas (v)	[juˈdʲɛjɪmas]
verkeerslicht (het)	šviesofõras (v)	[ʃvʲiɛsoˈforas]
openbaar vervoer (het)	miẽsto transpòrtas (v)	['mʲɛstɔ transˈportas]
kruispunt (het)	sánkryža (m)	['saŋkrʲiːʒa]
zebrapad (oversteekplaats)	pérėja (m)	['pʲɛrʲeːja]
onderdoorgang (de)	požeminė pérėja (m)	[poʒeˈmʲɪnʲe: 'pʲærʲeːja]
oversteken (de straat ~)	péreiti	['pʲɛrʲɛɪtʲɪ]
voetganger (de)	péstysis (v)	['pʲeːstʲiːsʲɪs]
trottoir (het)	šaligatvis (v)	[ʃaˈlʲɪgatvʲɪs]
brug (de)	tìltas (v)	['tʲɪlʲtas]
dijk (de)	krantìnė (m)	[kranˈtʲɪnʲeː]
allee (de)	aléja (m)	[aˈlʲeːja]
park (het)	párkas (v)	['parkas]
boulevard (de)	bulvãras (v)	[bʊlʲˈvaːras]
plein (het)	aikštė̃ (m)	[ʌɪkʃˈtʲeː]
laan (de)	prospèktas (v)	[prosˈpʲɛktas]
straat (de)	gãtvė (m)	['ga:tvʲeː]
zijstraat (de)	skẽrsgatvis (v)	['skʲɛrsgatvʲɪs]
doodlopende straat (de)	tupìkas (v)	[tʊˈpʲɪkas]
huis (het)	nãmas (v)	['naːmas]
gebouw (het)	pãstatas (v)	['pa:statas]
wolkenkrabber (de)	dangóraižis (v)	[danˈgorʌɪʒʲɪs]
gevel (de)	fasãdas (v)	[faˈsaːdas]
dak (het)	stógas (v)	['stogas]
venster (het)	lángas (v)	['lʲangas]
boog (de)	árka (m)	['arka]
pilaar (de)	kolonà (m)	[kɔlʲoˈna]
hoek (ov. een gebouw)	kampas (v)	['kampas]
vitrine (de)	vitrinà (m)	[vʲɪtrʲɪˈna]
gevelreclame (de)	ìškaba (m)	['ɪʃkaba]
affiche (de/het)	afišà (m)	[afʲɪˈʃa]
reclameposter (de)	reklãminis plakãtas (v)	[rʲɛkˈlʲaːmɪnʲɪs plʲaˈkaːtas]
aanplakbord (het)	reklãminis skỹdas (v)	[rʲɛkˈlʲaːmɪnʲɪs 'skʲiːdas]

vuilnis (de/het)	šiùkšlės (m dgs)	['ʃʊkʃᴵeːs]
vuilnisbak (de)	ùrna (m)	['ʊrna]
afval weggooien (ww)	šiùkšlinti	['ʃʊkʃᴵɪntᴵɪ]
stortplaats (de)	sąvartýnas (v)	[saːvarᵗᴵiːnas]

telefooncel (de)	telefòno bùdelė (m)	[tᴵɛᴵɛˈfonɔ 'bʊdelᴵeː]
straatlicht (het)	žibìnto stuĺpas (v)	[ʒᴵɪˈbᴵɪntɔ 'stʊᶅpas]
bank (de)	súolas (v)	['sʊɑᴵas]

politieagent (de)	polìcininkas (v)	[poˈlᴵɪtsᴵɪnᴵɪŋkas]
politie (de)	polìcija (m)	[poˈlᴵɪtsᴵɪjɛ]
zwerver (de)	skurdžius (v)	['skʊrdʒᴵʊs]
dakloze (de)	benãmis (v)	[bᴵɛ'naːmᴵɪs]

29. Stedelijke instellingen

winkel (de)	parduotùvė (m)	[pardʊɑ'tʊvᴵeː]
apotheek (de)	vàistinė (m)	['vʌɪstᴵɪnᴵeː]
optiek (de)	òptika (m)	['optᴵɪka]
winkelcentrum (het)	prekýbos ceñtras (v)	[prᴵɛ'kᴵiːbos 'tsᴵɛntras]
supermarkt (de)	supermárketas (v)	[sʊpᴵɛr'markᴵɛtas]

bakkerij (de)	bandėlių kráutuvė (m)	[ban'dᴵæᴵu: 'krɑʊtʊvᴵeː]
bakker (de)	kepėjas (v)	[kᴵɛ'pᴵeːjas]
banketbakkerij (de)	konditèrija (m)	[kondᴵɪ'tᴵɛrᴵɪjɛ]
kruidenier (de)	bakaléja (m)	[baka'ᶅeːja]
slagerij (de)	mėsõs kráutuvė (m)	[mᴵeːˈsoːs 'krɑʊtʊvᴵeː]

| groentewinkel (de) | daržóvių kráutuvė (m) | [dar'ʒovᴵu: 'krɑʊtʊvᴵeː] |
| markt (de) | prekývietė (m) | [prᴵɛ'kᴵiːvᴵiɛtᴵeː] |

koffiehuis (het)	kavìnė (m)	[ka'vᴵɪnᴵeː]
restaurant (het)	restorãnas (v)	[rᴵɛsto'raːnas]
bar (de)	alùdė (m)	[a'ᶅʊdᴵeː]
pizzeria (de)	picèrija (m)	[pᴵɪ'tsᴵɛrᴵɪjɛ]

kapperssalon (de/het)	kirpyklà (m)	[kᴵɪrpᴵiːk'ᶅa]
postkantoor (het)	pàštas (v)	['pa:ʃtas]
stomerij (de)	valyklà (m)	[valᴵiːk'la]
fotostudio (de)	fotoateljě (v)	[fotoate'ᶅje:]

schoenwinkel (de)	ãvalynės parduotùvė (m)	['a:valᴵiːnᴵeːs pardʊɑ'tʊvᴵeː]
boekhandel (de)	knygýnas (v)	[knᴵiː'gᴵiːnas]
sportwinkel (de)	spòrtinių prēkių parduotùvė (m)	['sportᴵɪnᴵu: 'prᴵækᴵu: pardʊɑ'tʊvᴵeː]

kledingreparatie (de)	drabùžių taisyklà (m)	[dra'bʊʒᴵu: tʌɪsᴵiːk'ᶅa]
kledingverhuur (de)	drabùžių núoma (m)	[dra'bʊʒᴵu: 'nʊɑma]
videotheek (de)	fìlmų núoma (m)	['fᴵɪlᴵmu: 'nʊɑma]

circus (de/het)	cìrkas (v)	['tsᴵɪrkas]
dierentuin (de)	zoològijos sõdas (v)	[zoo'ᶅogᴵjos 'so:das]
bioscoop (de)	kìno teãtras (v)	['kᴵɪnɔ tᴵɛ'a:tras]
museum (het)	muziẽjus (v)	[mʊ'zᴵɛjʊs]

bibliotheek (de)	bibliotekà (m)	[bʲɪblʲɪjɔtʲɛ'ka]
theater (het)	teàtras (v)	[tʲɛ'a:tras]
opera (de)	òpera (m)	['opʲɛra]
nachtclub (de)	naktìnis klùbas (v)	[nak'tʲɪnʲɪs 'klʲʊbas]
casino (het)	kazinò (v)	[kazʲɪ'no]

moskee (de)	mečėtė (m)	[mʲɛ'tʂʲɛtʲe:]
synagoge (de)	sinagogà (m)	[sʲɪnago'ga]
kathedraal (de)	kàtedra (m)	['ka:tʲɛdra]
tempel (de)	šventyklà (m)	[ʃvʲɛntʲi:k'lʲa]
kerk (de)	bažnyčia (m)	[baʒ'nʲi:tʂʲæ]

instituut (het)	institùtas (v)	[ɪnstʲɪ'tʊtas]
universiteit (de)	universitètas (v)	[ʊnʲɪvʲɛrsʲɪ'tʲɛtas]
school (de)	mokyklà (m)	[mokʲi:k'lʲa]

gemeentehuis (het)	prefektūrà (m)	[prʲɛfʲɛk'tu:'ra]
stadhuis (het)	savivaldýbė (m)	[savʲɪvalʲ'dʲi:bʲe:]
hotel (het)	viešbutis (v)	['vʲɛʃbʊtʲɪs]
bank (de)	bànkas (v)	['baŋkas]

ambassade (de)	ambasadà (m)	[ambasa'da]
reisbureau (het)	turìzmo agentūrà (m)	[tʊ'rʲɪzmɔ agʲɛntu:'ra]
informatieloket (het)	informàcijos biùras (v)	[ɪnfor'ma:tsʲɪjos 'bʲʊras]
wisselkantoor (het)	keitykla (m)	[kʲɛɪtʲi:k'lʲa]

| metro (de) | metrò | [mʲɛ'tro] |
| ziekenhuis (het) | ligóninė (m) | [lʲɪ'gonʲɪnʲe:] |

| benzinestation (het) | degalìnė (m) | [dʲɛga'lʲɪnʲe:] |
| parking (de) | stovéjimo aikštėlė (m) | [sto'vʲɛjɪmɔ ʌɪkʃʲtʲælʲe:] |

30. Borden

gevelreclame (de)	iškaba (m)	['ɪʃkaba]
opschrift (het)	ùžrašas (v)	['ʊʒraʃas]
poster (de)	plakàtas (v)	[plʲa'ka:tas]
wegwijzer (de)	núoroda (m)	['nʊoroda]
pijl (de)	rodỹklė (m)	[ro'dʲi:klʲe:]

waarschuwing (verwittiging)	pérspėjimas (v)	['pʲɛrspʲe:jimas]
waarschuwingsbord (het)	įspėjìmas (v)	[i:spʲe:'jɪmas]
waarschuwen (ww)	įspéti	[i:s'pʲe:tʲɪ]

vrije dag (de)	išeiginė dienà (m)	[ɪʃɛɪ'gʲɪnʲe: dʲiɛ'na]
dienstregeling (de)	tvarkãraštis (v)	[tvar'ka:raʃtʲɪs]
openingsuren (mv.)	dárbo valandõs (m dgs)	['darbɔ valʲan'do:s]

WELKOM!	SVEIKÌ ATVỸKĘ!	[svʲɛɪ'kʲɪ at'vʲi:kʲɛ:!]
INGANG	ĮĖJÌMAS	[i:ʲɛ:'jɪmas]
UITGANG	IŠĖJÌMAS	[ɪʃʲe:'jɪmas]

| DUWEN | STÙMTI | ['stʊmtʲɪ] |
| TREKKEN | TRÁUKTI | ['trɑʊktʲɪ] |

OPEN	ATIDARÝTA	[atʲɪdaˈrʲiːta]
GESLOTEN	UŽDARÝTA	[ʊʒdaˈrʲiːta]

DAMES	MÓTERIMS	[ˈmotʲɛrʲɪms]
HEREN	VÝRAMS	[ˈvʲiːrams]

KORTING	NÚOLAIDOS	[ˈnʊalʲʌɪdos]
UITVERKOOP	IŠPARDAVÌMAS	[ɪʃpardaˈvʲɪmas]
NIEUW!	NAUJÍENA!	[nɑʊˈjiɛnа!]
GRATIS	NEMÓKAMAI	[nʲɛˈmokamʌɪ]

PAS OP!	DĖMESIO!	[ˈdʲeːmesʲɔ!]
VOLGEBOEKT	VIĖTŲ NĖRA	[ˈvʲɛtu: ˈnʲeːra]
GERESERVEERD	REZERVÚOTA	[rʲɛzʲɛrˈvʊɑta]

ADMINISTRATIE	ADMINISTRĀCIJA	[admʲɪnʲɪsˈtratsʲɪja]
ALLEEN VOOR PERSONEEL	TÌK PERSONÁLUI	[ˈtʲɪk pʲɛrsoˈnalʲui]

GEVAARLIJKE HOND	PIKTAS ŠUO	[ˈpʲɪktas ˈʃʊa]
VERBODEN TE ROKEN!	RŪKÝTI DRAŪDŽIAMA	[ru:ˈkʲiːtʲɪ ˈdrɑʊdʒʲæma]
NIET AANRAKEN!	NELIÉSTI!	[nʲɛˈlʲɛstʲɪ!]

GEVAARLIJK	PAVOJÌNGA	[pavoˈjɪnga]
GEVAAR	PAVÓJUS	[paˈvoːjʊs]
HOOGSPANNING	AUKŠTÀ ĮTAMPA	[ɑʊkʃˈta ˈiːtampa]
VERBODEN TE ZWEMMEN	MÁUDYTIS DRAŪDŽIAMA	[ˈmɑʊdʲiːtʲɪs ˈdrɑʊdʒʲæma]
BUITEN GEBRUIK	NEVEĨKIA	[nʲɛˈvʲɛɪkʲɛ]

ONTVLAMBAAR	DEGÙ	[dʲɛˈgʊ]
VERBODEN	DRAŪDŽIAMA	[ˈdrɑʊdʒʲæma]
DOORGANG VERBODEN	PRAĖJÌMAS DRAŪDŽIAMAS	[prae:ˈjɪmas ˈdrɑʊdʒʲæmas]
OPGELET PAS GEVERFD	NUDAŽYTA	[nʊdaˈʒʲiːta]

31. Winkelen

kopen (ww)	pìŕkti	[ˈpʲɪrktʲɪ]
aankoop (de)	pirkinỹs (v)	[pʲɪrkʲɪˈnʲiːs]
winkelen (ww)	apsipìŕkti	[apsʲɪˈpʲɪrktʲɪ]
winkelen (het)	apsipirkìmas (v)	[apsʲɪpʲɪrˈkʲɪmas]

open zijn (ov. een winkel, enz.)	veĩkti	[ˈvʲɛɪktʲɪ]
gesloten zijn (ww)	užsidarýti	[ʊʒsʲɪdaˈrʲiːtʲɪ]

schoeisel (het)	ãvalynė (m)	[ˈaːvalʲiːnʲeː]
kleren (mv.)	drabùžiai (v)	[draˈbʊʒʲɛɪ]
cosmetica (de)	kosmètika (m)	[kɔsˈmʲɛtʲɪka]
voedingswaren (mv.)	produktai (v)	[proˈdʊktʌɪ]
geschenk (het)	dovanà (m)	[dovaˈna]

verkoper (de)	pardavéjas (v)	[pardaˈvʲeːjas]
verkoopster (de)	pardavéja (m)	[pardaˈvʲeːja]

kassa (de)	kasa (m)	[ka'sa]
spiegel (de)	veidrodis (v)	['vʲɛɪdrodʲɪs]
toonbank (de)	prekýstalis (v)	[prʲɛ'kʲiːstalʲɪs]
paskamer (de)	matãvimosi kabina (m)	[ma'taːvʲɪmosʲɪ kabʲɪ'na]

aanpassen (ww)	matúoti	[ma'tʊatʲɪ]
passen (ov. kleren)	tìkti	['tʲɪktʲɪ]
bevallen (prettig vinden)	patìkti	[pa'tʲɪktʲɪ]

prijs (de)	kaina (m)	['kʌɪna]
prijskaartje (het)	kainýnas (v)	[kʌɪ'nʲiːnas]
kosten (ww)	kainúoti	[kʌɪ'nʊatʲɪ]
Hoeveel?	Kíek?	['kʲiɛk?]
korting (de)	núolaida (m)	['nʊalʲʌɪda]

niet duur (bn)	nebrangùs	[nʲɛbran'gʊs]
goedkoop (bn)	pigùs	[pʲɪ'gʊs]
duur (bn)	brangùs	[bran'gʊs]
Dat is duur.	Taĩ brangù.	['tʌɪ bran'gʊ]

verhuur (de)	núoma (m)	['nʊama]
huren (smoking, enz.)	išsinúomoti	[ɪʃsʲɪ'nʊamotʲɪ]
krediet (het)	kredìtas (v)	[krʲɛ'dʲɪtas]
op krediet (bw)	kreditù	[krʲɛdʲɪ'tʊ]

KLEDING EN ACCESSOIRES

32. Bovenkleding. Jassen

kleren (mv.), kleding (de)	apranga (m)	[apran'ga]
bovenkleding (de)	viršutiniai drabužiai (v dgs)	[vʲɪrʃʊˈtʲɪnʲɛɪ dra'buʒʲɛɪ]
winterkleding (de)	žieminiai drabužiai (v)	[ʒʲiɛˈmʲɪnʲɛɪ dra'buʒʲɛɪ]
jas (de)	páltas (v)	['palʲtas]
bontjas (de)	kailiniai (v dgs)	[kʌɪlʲɪ'nʲɛɪ]
bontjasje (het)	pùskailiniai (v)	['puskʌɪlʲɪnʲɛɪ]
donzen jas (de)	pūkinė (m)	[pu:'kʲɪnʲe:]
jasje (bijv. een leren ~)	striukė (m)	['strʲʊkʲe:]
regenjas (de)	apsiaũstas (v)	[ap'sʲɛʊstas]
waterdicht (bn)	nepéršlampamas	[nʲɛ'pʲɛrʃlʲampamas]

33. Heren & dames kleding

overhemd (het)	marškiniai (v dgs)	[marʃkʲɪ'nʲɛɪ]
broek (de)	kélnės (m dgs)	['kʲɛlʲnʲe:s]
jeans (de)	džinsai (v dgs)	['dʒʲɪnsʌɪ]
colbert (de)	švarkas (v)	['ʃvarkas]
kostuum (het)	kostiumas (v)	[kɔs'tʲʊmas]
jurk (de)	suknėlė (m)	[suk'nʲælʲe:]
rok (de)	sijõnas (v)	[sʲɪ'jɔ:nas]
blouse (de)	palaidinė (m)	[palʲʌɪ'dʲɪnʲe:]
wollen vest (de)	sùsegamas megztinis (v)	['susʲɛgamas mʲɛgz'tʲɪnʲɪs]
blazer (kort jasje)	žakétas, švarkélis (v)	[ʒa'kʲɛtas], [ʃvar'kʲælʲɪs]
T-shirt (het)	fùtbolininko marškiniai (v)	['futbolʲɪnʲɪŋkɔ marʃkʲɪ'nʲɛɪ]
shorts (mv.)	šórtai (v dgs)	['ʃɔrtʌɪ]
trainingspak (het)	spórtinis kostiumas (v)	['sportʲɪnʲɪs kos'tʲʊmas]
badjas (de)	chalátas (v)	[xa'lʲa:tas]
pyjama (de)	pižamà (m)	[pʲɪʒa'ma]
sweater (de)	nertìnis (v)	[nʲɛr'tʲɪnʲɪs]
pullover (de)	megztìnis (v)	[mʲɛgz'tʲɪnʲɪs]
gilet (het)	liemẽnė (m)	[lʲiɛ'mʲænʲe:]
rokkostuum (het)	frãkas (v)	['fra:kas]
smoking (de)	smòkingas (v)	['smokʲɪngas]
uniform (het)	unifórma (m)	[unʲɪ'forma]
werkkleding (de)	dárbo drabužiai (v)	['darbɔ dra'buʒʲɛɪ]
overall (de)	kombinezónas (v)	[kɔmbʲɪnʲɛ'zonas]
doktersjas (de)	chalátas (v)	[xa'lʲa:tas]

34. Kleding. Ondergoed

ondergoed (het)	baltiniaĩ (v dgs)	[balʲtʲɪ'nʲɛɪ]
onderhemd (het)	apatiniai marškinėliai (v dgs)	[apa'tʲɪnʲɛɪ marʃkʲɪ'nʲe:lʲɛɪ]
sokken (mv.)	kojinės (m dgs)	['ko:jɪnʲe:s]
nachthemd (het)	naktiniai marškiniaĩ (v dgs)	[nak'tʲɪnʲɛɪ marʃkʲɪ'nʲɛɪ]
beha (de)	liemenėlė (m)	[lʲɛme'nʲe:lʲe:]
kniekousen (mv.)	golfai (v)	['golʲfʌɪ]
panty (de)	pėdkelnės (m dgs)	['pʲe:dkʲɛlʲnʲe:s]
nylonkousen (mv.)	kojinės (m dgs)	['ko:jɪnʲe:s]
badpak (het)	maudymosi kostiumėlis (v)	['mɑʊdʲi:mosʲɪ kostʲʊ'mʲe:lʲɪs]

35. Hoofddeksels

hoed (de)	kepùrė (m)	[kʲɛ'pʊrʲe:]
deukhoed (de)	skrybėlė (m)	[skrʲi:bʲe:'lʲe:]
honkbalpet (de)	beĩsbolo lazdà (m)	['bʲɛɪsbolʲɔ lʲaz'da]
kleppet (de)	kepùrė (m)	[kʲɛ'pʊrʲe:]
baret (de)	beretė (m)	[bʲɛ'rʲɛtʲe:]
kap (de)	gobtùvas (v)	[gop'tʊvas]
panamahoed (de)	panamà (m)	[pana'ma]
gebreide muts (de)	megztà kepuráitė (m)	[mʲɛgz'ta kepʊ'rʌɪtʲe:]
hoofddoek (de)	skarà (m), skarēlė (m)	[ska'ra], [ska'rʲæelʲe:]
dameshoed (de)	skrybėláitė (m)	[skrʲi:bʲe:'lʲʌɪtʲe:]
veiligheidshelm (de)	šálmas (v)	['ʃalʲmas]
veldmuts (de)	pilotė (m)	[pʲɪ'lʲotʲe:]
helm, valhelm (de)	šálmas (v)	['ʃalʲmas]
bolhoed (de)	katiliùkas (v)	[katʲɪ'lʲʊkas]
hoge hoed (de)	cilìndras (v)	[tsʲɪ'lʲɪndras]

36. Schoeisel

schoeisel (het)	ãvalynė (m)	['a:valʲi:nʲe:]
schoenen (mv.)	bãtai (v)	['ba:tʌɪ]
vrouwenschoenen (mv.)	batēliai (v)	[ba'tʲæelʲɛɪ]
laarzen (mv.)	aulìniai bãtai (v)	[ɑʊ'lʲɪnʲɛɪ 'ba:tʌɪ]
pantoffels (mv.)	šlepētės (m dgs)	[ʃlʲɛ'pʲætʲe:s]
sportschoenen (mv.)	spòrtbačiai (v dgs)	['sportbatʂɛɪ]
sneakers (mv.)	spòrtbačiai (v dgs)	['sportbatʂɛɪ]
sandalen (mv.)	sandãlai (v dgs)	[san'da:lʲʌɪ]
schoenlapper (de)	batsiuvỹs (v)	[batsʲʊ'vʲi:s]
hiel (de)	kulnas (v)	['kʊlʲnas]
paar (een ~ schoenen)	porà (m)	[po'ra]
veter (de)	bãtraištis (v)	['ba:trʌɪʃtʲɪs]

rijgen (schoenen ~)	várstyti	['varstʲi:tʲɪ]
schoenlepel (de)	šáukštas (v)	['ʃɑʊkʃtas]
schoensmeer (de/het)	ãvalynės krèmas (v)	['a:valʲi:nʲe:s 'krʲɛmas]

37. Persoonlijke accessoires

handschoenen (mv.)	pír̃štinės (m dgs)	['pʲɪrʃtʲɪnʲe:s]
wanten (mv.)	kùmštinės (m dgs)	['kʊmʃtʲɪnʲe:s]
sjaal (fleece ~)	šãlikas (v)	['ʃa:lʲɪkas]

bril (de)	akiniaĩ (dgs)	[akʲɪ'nʲɛɪ]
brilmontuur (het)	rėmēliai (v dgs)	[rʲe:'mʲælʲɛɪ]
paraplu (de)	skėtis (v)	['skʲe:tʲɪs]
wandelstok (de)	lazdėlė (m)	[laz'dʲælʲe:]
haarborstel (de)	plaukų̃ šepetỹs (v)	[plʲɑʊ'ku: ʃɛpʲɛ'tʲi:s]
waaier (de)	vėduõklė (m)	[vʲe:'dʊɑklʲe:]

das (de)	kaklãraištis (v)	[kak'lʲa:rʌɪʃtʲɪs]
strikje (het)	petelìškė (m)	[pʲɛtʲɛ'lʲɪʃkʲe:]
bretels (mv.)	pė̃tnešos (m dgs)	['pʲætnʲɛʃos]
zakdoek (de)	nósinė (m)	['nosʲɪnʲe:]

kam (de)	šùkos (m dgs)	['ʃʊkos]
haarspeldje (het)	segtùkas (v)	[sʲɛk'tʊkas]
schuifspeldje (het)	plaukų̃ segtùkas (v)	[plʲɑʊ'ku: sʲɛk'tʊkas]
gesp (de)	sagtìs (m)	[sak'tʲɪs]

broekriem (de)	dír̃žas (v)	['dʲɪrʒas]
draagriem (de)	dír̃žas (v)	['dʲɪrʒas]

handtas (de)	rankinùkas (v)	[raŋkʲɪ'nʊkas]
damestas (de)	rankinùkas (v)	[raŋkʲɪ'nʊkas]
rugzak (de)	kuprìnė (m)	[kʊ'prʲɪnʲe:]

38. Kleding. Diversen

mode (de)	madà (m)	[ma'da]
de mode (bn)	madìngas	[ma'dʲɪngas]
kledingstilist (de)	modeliúotojas (v)	[modʲɛ'lʲʊato:jɛs]

kraag (de)	apýkaklė (m)	[a'pʲi:kaklʲe:]
zak (de)	kišėnė (m)	[kʲɪ'ʃænʲe:]
zak- (abn)	kišenìnis	[kʲɪʃɛ'nʲɪnʲɪs]
mouw (de)	rankóvė (m)	[raŋ'kovʲe:]
lusje (het)	pakabà (m)	[paka'ba]
gulp (de)	klỹnas (v)	['klʲi:nas]

rits (de)	užtrauktùkas (v)	[ʊʒtrɑʊk'tʊkas]
sluiting (de)	užsegìmas (v)	[ʊʒsʲɛ'gʲɪmas]
knoop (de)	sagà (m)	[sa'ga]
knoopsgat (het)	kìlpa (m)	['kʲɪlʲpa]
losraken (bijv. knopen)	atplýšti	[at'plʲi:ʃtʲɪ]

naaien (kleren, enz.)	siúti	['sʲu:tʲɪ]
borduren (ww)	siuvinéti	[sʲʊvʲɪ'nʲe:tʲɪ]
borduursel (het)	siuvinéjimas (v)	[sʲʊvʲɪ'nʲɛjɪmas]
naald (de)	ãdata (m)	['a:data]
draad (de)	siúlas (v)	['sʲu:lʲas]
naad (de)	siúlė (m)	['sʲu:lʲe:]

vies worden (ww)	išsitėpti	[ɪʃsʲɪ'tʲɛptʲɪ]
vlek (de)	dėmė̃ (m)	[dʲe:'mʲe:]
gekreukt raken (ov. kleren)	susiglámžyti	[sʊsʲɪ'glʲa mʒʲi:tʲɪ]
scheuren (ov.ww.)	suplėšyti	[sʊp'lʲe:ʃɪ:tʲɪ]
mot (de)	kañdis (v)	['kandʲɪs]

39. Persoonlijke verzorging. Schoonheidsmiddelen

tandpasta (de)	dantų̃ pastà (m)	[dan'tu: pas'ta]
tandenborstel (de)	dantų̃ šepetėlis (v)	[dan'tu: ʃepe'tʲe:lʲɪs]
tanden poetsen (ww)	valýti dantìs	[va'lʲi:tʲɪ dan'tʲɪs]

scheermes (het)	skustùvas (v)	[skʊ'stʊvas]
scheerschuim (het)	skutìmosi krėmas (v)	[skʊ'tʲɪmosʲɪ 'krʲɛmas]
zich scheren (ww)	skùstis	['skʊstʲɪs]

zeep (de)	muĩlas (v)	['mʊɪlʲas]
shampoo (de)	šampū̃nas (v)	[ʃam'pu:nas]

schaar (de)	žìrklės (m dgs)	['ʒʲɪrklʲe:s]
nagelvijl (de)	dìldė (m) nagáms	['dʲɪlʲdʲe: na'gams]
nagelknipper (de)	gnybtùkai (v)	[gnʲɪ:p'tʊkʌɪ]
pincet (het)	pincėtas (v)	[pʲɪn'tsʲɛtas]

cosmetica (de)	kosmètika (m)	[kɔs'mʲɛtʲɪka]
masker (het)	kaũkė (m)	['kaʊkʲe:]
manicure (de)	manikiū̃ras (v)	[manʲɪ'kʲu:ras]
manicure doen	darýti manikiū̃rą	[da'rʲi:tʲɪ manʲɪ'kʲu:ra:]
pedicure (de)	pedikiū̃ras (v)	[pʲɛdʲɪ'kʲu:ras]

cosmetica tasje (het)	kosmètinė (m)	[kɔs'mʲɛtʲɪnʲe:]
poeder (de/het)	pudrà (m)	[pʊd'ra]
poederdoos (de)	pùdrinė (m)	['pʊdrʲɪnʲe:]
rouge (de)	skaistalaĩ (v dgs)	[skʌɪsta'lʲaĩ]

parfum (de/het)	kvepalaĩ (v dgs)	[kvʲɛpa'lʲaĩ]
eau de toilet (de)	tualètinis vanduõ (v)	[tʊa'lʲɛtʲɪnʲɪs van'dʊɑ]
lotion (de)	losjònas (v)	[lʲo'sjɔ nas]
eau de cologne (de)	odekolònas (v)	[odʲɛko'lʲonas]

oogschaduw (de)	vokų̃ šešėliai (v)	[vo'ku: ʃe'ʃʲe:lʲɛɪ]
oogpotlood (het)	akių̃ pieštùkas (v)	[a'kʲu: pʲɛʃ'tʊkas]
mascara (de)	tùšas (v)	['tʊʃas]

lippenstift (de)	lū́pų dažaĩ (v)	['lʲu:pu: da'ʒʌɪ]
nagellak (de)	nagų̃ lãkas (v)	[na'gu: 'lʲa:kas]
haarlak (de)	plaukų̃ lãkas (v)	[plʲaʊ'ku: 'lʲa:kas]

deodorant (de)	dezodorántas (v)	[dʲɛzodo'rantas]
crème (de)	krèmas (v)	['krʲɛmas]
gezichtscrème (de)	véido krèmas (v)	['vʲɛɪdɔ 'krʲɛmas]
handcrème (de)	rañkų krèmas (v)	['raŋku: 'krʲɛmas]
antirimpelcrème (de)	krèmas (v) nuõ raukšlių̃	['krʲɛmas nʊɑ rɑʊkʃʲlʲu:]
dagcrème (de)	dieninis krèmas (v)	[dʲiɛ'nʲɪnʲɪs 'krʲɛmas]
nachtcrème (de)	naktìnis krèmas (v)	[nak'tʲɪnʲɪs 'krʲɛmas]
dag- (abn)	dieninis	[dʲiɛ'nʲɪnʲɪs]
nacht- (abn)	naktìnis	[nak'tʲɪnʲɪs]

tampon (de)	tampònas (v)	[tam'ponas]
toiletpapier (het)	tualètinis pōpierius (v)	[tʊa'lʲɛtʲɪnʲɪs 'po:pʲiɛrʲʊs]
föhn (de)	fènas (v)	['fʲɛnas]

40. Horloges. Klokken

polshorloge (het)	laĩkrodis (v)	['lʲʌɪkrodʲɪs]
wijzerplaat (de)	ciferblãtas (v)	[tsʲɪfʲɛr'blʲa:tas]
wijzer (de)	rodỹklė (m)	[ro'dʲi:klʲe:]
metalen horlogeband (de)	apýrankė (m)	[a'pʲi:raŋkʲe:]
horlogebandje (het)	diržēlis (v)	[dʲɪr'ʒʲælʲɪs]

batterij (de)	elemeñtas (v)	[ɛlʲɛ'mʲɛntas]
leeg zijn (ww)	išsikráuti	[ɪʃʲsʲɪ'krɑʊtʲɪ]
batterij vervangen	pakeĩsti elemeñtą	[pa'kʲɛɪstʲɪ ɛlʲɛ'mʲɛnta:]
voorlopen (ww)	skubéti	[skʊ'bʲe:tʲɪ]
achterlopen (ww)	atsilìkti	[atsʲɪ'lʲɪktʲɪ]

wandklok (de)	síeninis laĩkrodis (v)	['sʲiɛnʲɪnʲɪs 'lʲʌɪkrodʲɪs]
zandloper (de)	smēlio laĩkrodis (v)	['smʲe:lʲɔ 'lʌɪkrodʲɪs]
zonnewijzer (de)	sáulės laĩkrodis (v)	['sɑʊlʲe:s 'lʌɪkrodʲɪs]
wekker (de)	žadintùvas (v)	[ʒadʲɪn'tʊvas]
horlogemaker (de)	laĩkrodininkas (v)	['lʲʌɪkrodʲɪnʲɪŋkas]
repareren (ww)	taisýti	[tʌɪ'sʲi:tʲɪ]

ALLEDAAGSE ERVARING

41. Geld

geld (het)	pinigaĩ (v)	[pʲɪnʲɪ'gʌɪ]
ruil (de)	keitìmas (v)	[kʲɛɪ'tʲɪmas]
koers (de)	kùrsas (v)	['kʊrsas]
geldautomaat (de)	bankomãtas (v)	[baŋko'ma:tas]
muntstuk (de)	monetà (m)	[monʲɛ'ta]
dollar (de)	dòleris (v)	['dolʲɛrʲɪs]
euro (de)	eùras (v)	['ɛʊras]
lire (de)	lirà (m)	[lʲɪ'ra]
Duitse mark (de)	márkė (m)	['markʲe:]
frank (de)	fránkas (v)	['fraŋkas]
pond sterling (het)	svãras (v)	['sva:ras]
yen (de)	jenà (m)	[jɛ'na]
schuld (geldbedrag)	skolà (m)	[sko'lʲa]
schuldenaar (de)	skõlininkas (v)	['sko:lʲɪnʲɪŋkas]
uitlenen (ww)	dúoti į̃ skõlą	['dʊatʲɪ i: 'sko:lʲa:]
lenen (geld ~)	im̃ti į̃ skõlą	['ɪmtʲɪ i: 'sko:lʲa:]
bank (de)	bánkas (v)	['baŋkas]
bankrekening (de)	sąskaita (m)	['sa:skʌɪta]
op rekening storten	dė́ti į̃ sąskaitą	['dʲe:tʲɪ i: 'sa:skʌɪta:]
opnemen (ww)	im̃ti iš sąskaitos	['ɪmtʲɪ ɪʃ 'sa:skʌɪtos]
kredietkaart (de)	kredìtinė kortẽlė (m)	[krʲɛ'dʲɪtʲɪnʲe: kor'tʲælʲe:]
baar geld (het)	grynìeji pinigaĩ (v)	[grʲi:'nʲiɛjɪ pʲɪnʲɪ'gʌɪ]
cheque (de)	čèkis (v)	['tʃʲɛkʲɪs]
een cheque uitschrijven	išrašýti čèkį	[ɪʃra'ʃi:tʲɪ 'tʃʲɛkʲɪ:]
chequeboekje (het)	čèkių knygẽlė (m)	['tʃʲɛkʲu: knʲi:'gʲælʲe:]
portefeuille (de)	pinigìnė (m)	[pʲɪnʲɪ'gʲɪnʲe:]
geldbeugel (de)	pinigìnė (m)	[pʲɪnʲɪ'gʲɪnʲe:]
safe (de)	seĩfas (v)	['sʲɛɪfas]
erfgenaam (de)	paveldė́tojas (v)	[pavelʲ'dʲe:to:jɛs]
erfenis (de)	palikìmas (v)	[palʲɪ'kʲɪmas]
fortuin (het)	tùrtas (v)	['tʊrtas]
huur (de)	núoma (m)	['nʊama]
huurprijs (de)	bùto mókestis (v)	['bʊtɔ 'mokʲɛstʲɪs]
huren (huis, kamer)	núomotis	['nʊamotʲɪs]
prijs (de)	káina (m)	['kʌɪna]
kostprijs (de)	káina (m)	['kʌɪna]
som (de)	sumà (m)	[sʊ'ma]

uitgeven (geld besteden)	leísti	['lʲɛɪstʲɪ]
kosten (mv.)	sąnaudos (m dgs)	['saːnɑʊdos]
bezuinigen (ww)	taupýti	[tɑʊ'pʲiːtʲɪ]
zuinig (bn)	taupùs	[tɑʊ'pʊs]

betalen (ww)	mokéti	[mo'kʲeːtʲɪ]
betaling (de)	apmokéjimas (v)	[apmo'kʲɛjɪmas]
wisselgeld (het)	grąžà (m)	[graː'ʒa]

belasting (de)	mókestis (v)	['mokʲɛstʲɪs]
boete (de)	baudà (m)	[bɑʊ'da]
beboeten (bekeuren)	baũsti	['bɑʊstʲɪ]

42. Post. Postkantoor

postkantoor (het)	pãštas (v)	['paːʃtas]
post (de)	pãštas (v)	['paːʃtas]
postbode (de)	pãštininkas (v)	['paːʃtʲɪnʲɪŋkas]
openingsuren (mv.)	darbo valandõs (m dgs)	['darbɔ valʲan'doːs]

brief (de)	laíškas (v)	['lʲʌɪʃkas]
aangetekende brief (de)	užsakýtas laíškas (v)	[ʊʒsa'kʲiːtas 'lʲʌɪʃkas]
briefkaart (de)	atvirùtė (m)	[atvʲɪ'rʊtʲeː]
telegram (het)	telegramà (m)	[tʲɛlʲɛgra'ma]
postpakket (het)	siuntinỹs (v)	[sʲʊntʲɪ'nʲiːs]
overschrijving (de)	piniginis pavedìmas (v)	[pʲɪnʲɪ'gʲɪnʲɪs pavʲɛ'dʲɪmas]

ontvangen (ww)	gáuti	['gɑʊtʲɪ]
sturen (zenden)	išsiųsti	[ɪʃ'sʲuːstʲɪ]
verzending (de)	išsiuntìmas (v)	[ɪʃsʲʊn'tʲɪmas]

adres (het)	ãdresas (v)	['aːdrʲɛsas]
postcode (de)	iñdeksas (v)	['ɪndʲɛksas]
verzender (de)	siuntéjas (v)	[sʲʊn'tʲeːjas]
ontvanger (de)	gavéjas (v)	[ga'vʲeːjas]

| naam (de) | vardas (v) | ['vardas] |
| achternaam (de) | pavardė̃ (m) | [pavar'dʲeː] |

tarief (het)	tarìfas (v)	[ta'rʲɪfas]
standaard (bn)	įprastas	['iːprastas]
zuinig (bn)	taupùs	[tɑʊ'pʊs]

gewicht (het)	svõris (v)	['svoːrʲɪs]
afwegen (op de weegschaal)	sver̃ti	['svʲɛrtʲɪ]
envelop (de)	võkas (v)	['voːkas]
postzegel (de)	markùtė (m)	[mar'kʊtʲeː]

43. Bankieren

| bank (de) | bánkas (v) | ['baŋkas] |
| bankfiliaal (het) | skỹrius (v) | ['skʲiːrʲʊs] |

| bankbediende (de) | konsultántas (v) | [kɔnsʊlʲˈtantas] |
| manager (de) | valdýtojas (v) | [valʲˈdʲiːtoːjɛs] |

bankrekening (de)	sąskaita (m)	[ˈsaːskʌɪta]
rekeningnummer (het)	sąskaitos nùmeris (v)	[ˈsaːskʌɪtos ˈnʊmʲɛrʲɪs]
lopende rekening (de)	einamóji sąskaita (m)	[ɛɪnaˈmoːjɪ ˈsaːskʌɪta]
spaarrekening (de)	kaupiamóji sąskaita (m)	[kɑʊpʲæˈmoːjɪ ˈsaːskʌɪta]

een rekening openen	atidarýti sąskaitą	[atʲɪdaˈrʲiːtʲɪ ˈsaːskʌɪtaː]
de rekening sluiten	uždarýti sąskaitą	[ʊʒdaˈrʲiːtʲɪ ˈsaːskʌɪtaː]
op rekening storten	padéti į sąskaitą	[paˈdʲeːtʲɪ iː ˈsaːskʌɪtaː]
opnemen (ww)	paim̃ti iš sąskaitos	[ˈpʌɪmtʲɪ ɪʃ ˈsaːskʌɪtos]

storting (de)	iñdėlis (v)	[ˈɪndʲeːlʲɪs]
een storting maken	įnèšti iñdėlį	[iːˈnʲɛʃtʲɪ ˈɪndʲeːlʲɪː]
overschrijving (de)	pavedìmas (v)	[pavʲɛˈdʲɪmas]
een overschrijving maken	atlìkti pavedìmą	[atˈlʲɪktʲɪ pavʲɛˈdʲɪmaː]

| som (de) | sumà (m) | [sʊˈma] |
| Hoeveel? | Kíek? | [ˈkʲiɛk?] |

| handtekening (de) | párašas (v) | [ˈpaːraʃas] |
| ondertekenen (ww) | pasirašýti | [pasʲɪraˈʃɪːtʲɪ] |

kredietkaart (de)	kredìtinė kortẽlė (m)	[krʲɛˈdʲɪtʲɪnʲe: korˈtʲælʲe:]
code (de)	kòdas (v)	[ˈkodas]
kredietkaartnummer (het)	kredìtinės kortẽlės nùmeris (v)	[krʲɛˈdʲɪtʲɪnʲe:s korˈtʲælʲe:s ˈnʊmerʲɪs]

| geldautomaat (de) | bankomãtas (v) | [baŋkoˈmaːtas] |

cheque (de)	kvìtas (v)	[ˈkvʲɪtas]
een cheque uitschrijven	išrašýti kvìtą	[ɪʃraˈʃɪːtʲɪ ˈkvʲɪtaː]
chequeboekje (het)	čèkių knygẽlė (m)	[ˈtʂʲɛkʲu: knʲiːˈgʲælʲe:]

lening, krediet (de)	kredìtas (v)	[krʲɛˈdʲɪtas]
een lening aanvragen	kreĩptis dė̃l kredìto	[ˈkrʲɛɪptʲɪs dʲe:lʲ krʲɛˈdʲɪtɔ]
een lening nemen	im̃ti kredìtą	[ˈɪmtʲɪ krʲɛˈdʲɪtaː]
een lening verlenen	suteĩkti kredìtą	[sʊˈtʲɛɪktʲɪ krʲɛˈdʲɪtaː]
garantie (de)	garántija (m)	[gaˈrantʲɪjɛ]

44. Telefoon. Telefoongesprek

telefoon (de)	telefònas (v)	[tʲɛlʲɛˈfonas]
mobieltje (het)	mobilùsis telefònas (v)	[mobʲɪˈlʊsʲɪs tʲɛlʲɛˈfonas]
antwoordapparaat (het)	autoatsakìklis (v)	[ɑʊtoatsaˈkʲɪklʲɪs]

| bellen (ww) | skam̃binti | [ˈskambʲɪntʲɪ] |
| belletje (telefoontje) | skambùtis (v) | [skamˈbʊtʲɪs] |

een nummer draaien	suriñkti nùmerį	[sʊˈrʲɪŋktʲɪ ˈnʊmʲɛrʲɪː]
Hallo!	Aliõ!	[aˈlʲɔ!]
vragen (ww)	pakláusti	[pakˈlʲɑʊstʲɪ]
antwoorden (ww)	atsakýti	[atsaˈkʲiːtʲɪ]
horen (ww)	girdéti	[gʲɪrˈdʲe:tʲɪ]

goed (bw)	gerai	[gʲɛ'rʌɪ]
slecht (bw)	prastai	[pras'tʌɪ]
storingen (mv.)	trukdžiai (v dgs)	[trʊk'dʒʲɛɪ]

hoorn (de)	ragelis (v)	[ra'gʲælʲɪs]
opnemen (ww)	pakelti ragelį	[pa'kʲɛlʲtʲɪ ra'gʲælʲɪ:]
ophangen (ww)	padeti ragelį	[pa'dʲe:tʲɪ ra'gʲælʲɪ:]

bezet (bn)	užimtas	['ʊʒʲɪmtas]
overgaan (ww)	skambeti	[skam'bʲe:tʲɪ]
telefoonboek (het)	telefonų knyga (m)	[tʲɛlʲɛ'fonu: knʲi:'ga]

lokaal (bn)	vietinis	['vʲiɛtʲɪnʲɪs]
interlokaal (bn)	tarpmiestinis	[tarpmʲiɛs'tʲɪnʲɪs]
buitenlands (bn)	tarptautinis	[tarptɑʊ'tʲɪnʲɪs]

45. Mobiele telefoon

mobieltje (het)	mobilusis telefonas (v)	[mobʲɪ'lʊsʲɪs tʲɛlʲɛ'fonas]
scherm (het)	ekranas (v)	[ɛk'ra:nas]
toets, knop (de)	mygtukas (v)	[mʲi:k'tʊkas]
simkaart (de)	SIM-kortelė (m)	[sʲɪm-kor'tʲælʲe:]

batterij (de)	akumuliatorius (v)	[akʊmʊ'lʲætorʲʊs]
leeg zijn (ww)	išsikrauti	[ɪʃsʲɪ'krɑʊtʲɪ]
acculader (de)	įkroviklis (v)	[i:kro'vʲɪ:klʲɪs]

menu (het)	valgiaraštis (v)	[valʲ'gʲæraʃtʲɪs]
instellingen (mv.)	nustatymai (v dgs)	[nʊ'sta:tʲi:mʌɪ]
melodie (beltoon)	melodija (m)	[mʲɛ'lʲodʲɪjɛ]
selecteren (ww)	pasirinkti	[pasʲɪ'rʲɪŋktʲɪ]

rekenmachine (de)	skaičiuotuvas (v)	[skʌɪtʃʲʊo'tʊvas]
voicemail (de)	balso paštas (v)	['balʲsɔ 'pa:ʃtas]
wekker (de)	žadintuvas (v)	[ʒadʲɪn'tʊvas]
contacten (mv.)	telefonų knyga (m)	[tʲɛlʲɛ'fonu: knʲi:'ga]

SMS-bericht (het)	SMS žinutė (m)	[ɛsɛ'mɛs ʒʲɪnʊtʲe:]
abonnee (de)	abonentas (v)	[abo'nʲɛntas]

46. Schrijfbehoeften

balpen (de)	automatinis šratinukas (v)	[ɑʊto'ma:tʲɪnʲɪs ʃratʲɪ'nʊkas]
vulpen (de)	plunksnakotis (v)	[plʲʊŋk'sna:kotʲɪs]

potlood (het)	pieštukas (v)	[pʲiɛʃ'tʊkas]
marker (de)	žymeklis (v)	[ʒʲi:'mʲæklʲɪs]
viltstift (de)	flomasteris (v)	[flʲo'ma:stʲɛrʲɪs]

notitieboekje (het)	bloknotas (v)	[blʲok'notas]
agenda (boekje)	dienoraštis (v)	[dʲiɛ'noraʃtʲɪs]
liniaal (de/het)	liniuotė (m)	[lʲɪ'nʲʊo:tʲe:]

rekenmachine (de)	skaičiuotùvas (v)	[skʌɪtʂ⁽ᶦ⁾ʊo'tʊvas]
gom (de)	trintùkas (v)	[trᶦɪn'tʊkas]
punaise (de)	smeigtùkas (v)	[smᶦɛɪk'tʊkas]
paperclip (de)	sąvaržė̃lė (m)	[sa:var'ʒᶦe:lᶦe:]
lijm (de)	klijaĩ (v dgs)	[klᶦɪ'jʌɪ]
nietmachine (de)	segìklis (v)	[sᶦɛ'gᶦɪklᶦɪs]
perforator (de)	skylãmušis (v)	[skᶦi:'lᶦa:muʃᶦɪs]
potloodslijper (de)	drožtùkas (v)	[droʒ'tʊkas]

47. Vreemde talen

taal (de)	kalbà (m)	[kalᶦ'ba]
vreemd (bn)	ùžsienio	['ʊʒs⁽ᶦ⁾iɛnᶦɔ]
vreemde taal (de)	ùžsienio kalbà (m)	['ʊʒs⁽ᶦ⁾iɛnᶦɔ kalᶦba]
leren (bijv. van buiten ~)	studijúoti	[stʊdᶦɪ'jʊatᶦɪ]
studeren (Nederlands ~)	mókytis	['mokᶦi:tᶦɪs]
lezen (ww)	skaitýti	[skʌɪ'tᶦi:tᶦɪ]
spreken (ww)	kalbéti	[kalᶦ'bᶦe:tᶦɪ]
begrijpen (ww)	supràsti	[sʊp'rastᶦɪ]
schrijven (ww)	rašýti	[ra'ʃɪ:tᶦɪ]
snel (bw)	greĩtai	['grᶦɛɪtʌɪ]
langzaam (bw)	lė̃tai	[lᶦe:'tʌɪ]
vloeiend (bw)	laisvaĩ	[lᶦʌɪs'vʌɪ]
regels (mv.)	taisỹklės (m dgs)	[tʌɪ'sᶦi:klᶦe:s]
grammatica (de)	gramãtika (m)	[gra'ma:tᶦɪka]
vocabulaire (het)	lèksika (m)	['lᶦɛksᶦɪka]
fonetiek (de)	fonètika (m)	[fo'nᶦɛtᶦɪka]
leerboek (het)	vadovė̃lis (v)	[vado'vᶦe:lᶦɪs]
woordenboek (het)	žodýnas (v)	[ʒo'dᶦi:nas]
leerboek (het) voor zelfstudie	savìmokos vadovė̃lis (v)	[sa'vᶦɪmokos vado'vᶦe:lᶦɪs]
taalgids (de)	pasikalbė́jimų knygė̃lė (m)	[pasᶦɪkalᶦ'bᶦɛjɪmu: knᶦi:'gᶦælᶦe:]
cassette (de)	kasetė̀ (m)	[ka'sᶦɛtᶦe:]
videocassette (de)	vaizdãjuostė̀ (m)	[vʌɪz'da:jʊɑstᶦe:]
CD (de)	kompãktinis dìskas (v)	[kɔm'pa:ktᶦɪnᶦɪs 'dᶦɪskas]
DVD (de)	DVD diskàs (v)	[dᶦɪvᶦɪ'dᶦɪ dᶦɪs'kas]
alfabet (het)	abė́cėlė (m)	[abᶦe:'tsᶦe:lᶦe:]
spellen (ww)	sakýti paraidžiuĩ	[sa'kᶦi:tᶦɪ parʌɪ'dʒʊɪ]
uitspraak (de)	tarìmas (v)	[ta'rᶦɪmas]
accent (het)	akceñtas (v)	[ak'tsᶦɛntas]
met een accent (bw)	sù akcentù	['sʊ aktsᶦɛn'tʊ]
zonder accent (bw)	bè akceñto	['bᶦɛ ak'tsᶦɛntɔ]
woord (het)	žõdis (v)	['ʒo:dᶦɪs]
betekenis (de)	prasmė̃ (m)	[pras'mᶦe:]
cursus (de)	kùrsai (v dgs)	['kʊrsʌɪ]
zich inschrijven (ww)	užsirašýti	[ʊʒsᶦɪra'ʃɪ:tᶦɪ]

leraar (de)	déstytojas (v)	['dʲe:stʲi:to:jɛs]
vertaling (een ~ maken)	vertìmas (v)	[vʲɛr'tʲɪmas]
vertaling (tekst)	vertìmas (v)	[vʲɛr'tʲɪmas]
vertaler (de)	vertéjas (v)	[vʲɛr'tʲe:jas]
tolk (de)	vertéjas (v)	[vʲɛr'tʲe:jas]
polyglot (de)	poliglòtas (v)	[polʲɪ'glotas]
geheugen (het)	atmintis (m)	[atmʲɪn'tʲɪs]

MAALTIJDEN. RESTAURANT

48. Tafelschikking

lepel (de)	šáukštas (v)	['ʃɑʊkʃtas]
mes (het)	peĩlis (v)	['pʲɛɪlʲɪs]
vork (de)	šakùtė (m)	[ʃa'kutʲeː]
kopje (het)	puodùkas (v)	[pʊɑ'dukas]
bord (het)	lėkštė̃ (m)	[lʲeːkʃ'tʲeː]
schoteltje (het)	lėkštẽlė (m)	[lʲeːkʃ'tʲælʲeː]
servet (het)	servetẽlė (m)	[sʲɛrve'tʲeːlʲeː]
tandenstoker (de)	dantų̃ krapštùkas (v)	[dan'tu: krapʃ'tʊkas]

49. Restaurant

restaurant (het)	restorãnas (v)	[rʲɛsto'ra:nas]
koffiehuis (het)	kavìnė (m)	[ka'vʲɪnʲe:]
bar (de)	bãras (v)	['ba:ras]
tearoom (de)	arbãtos salònas (v)	[ar'ba:tos sa'lʲonas]
kelner, ober (de)	padavéjas (v)	[pada'vʲe:jas]
serveerster (de)	padavéja (m)	[pada'vʲe:ja]
barman (de)	bármenas (v)	['barmʲɛnas]
menu (het)	meniù (v)	[mʲɛ'nʲʊ]
wijnkaart (de)	vỹnų žemė́lapis (v)	['vʲi:nu: ʒe'mʲe:lʲapʲɪs]
een tafel reserveren	rezervúoti staliùką	[rʲɛzʲɛr'vʊatʲɪ sta'lʲʊka:]
gerecht (het)	pãtiekalas (v)	['pa:tʲiɛkalʲas]
bestellen (eten ~)	užsisakýti	[ʊʒsʲɪsak'ʲiːtʲɪ]
een bestelling maken	padarýti užsãkymą	[pada'rʲiːtʲɪ ʊʒ'sa:kʲiːma:]
aperitief (de/het)	aperitỹvas (v)	[apʲɛrʲɪ'tʲiːvas]
voorgerecht (het)	ùžkandis (v)	['ʊʒkandʲɪs]
dessert (het)	desèrtas (v)	[dʲɛ'sʲɛrtas]
rekening (de)	sąskaita (m)	['sa:skʌɪta]
de rekening betalen	apmokė́ti sąskaitą	[apmo'kʲe:tʲɪ 'sa:skʌɪta:]
wisselgeld teruggeven	dúoti grąžõs	['dʊatʲɪ gra:'ʒo:s]
fooi (de)	arbãtpinigiai (v dgs)	[ar'ba:tpʲɪnʲɪgʲɛɪ]

50. Maaltijden

eten (het)	valgis (v)	['valʲgʲɪs]
eten (ww)	válgyti	['valʲgʲi:tʲɪ]

ontbijt (het)	pùsryčiai (v dgs)	['pʊsrʲiːtʂʲɛɪ]
ontbijten (ww)	pùsryčiauti	['pʊsrʲiːtʂʲɛʊtʲɪ]
lunch (de)	piẽtūs (v)	['pʲɛ'tuːs]
lunchen (ww)	pietáuti	[pʲiɛ'tɑʊtʲɪ]
avondeten (het)	vakariẽnė (m)	[vaka'rʲɛnʲeː]
souperen (ww)	vakarieniáuti	[vakarʲiɛ'nʲæʊtʲɪ]

| eetlust (de) | apetìtas (v) | [apʲɛ'tʲɪtas] |
| Eet smakelijk! | Gẽro apetìto! | ['gʲærɔ apʲɛ'tʲɪtɔ!] |

openen (een fles ~)	atidarýti	[atʲɪda'rʲiːtʲɪ]
morsen (koffie, enz.)	išpìlti	[ɪʃpʲɪlʲtʲɪ]
zijn gemorst	išsipìlti	[ɪʃsʲɪ'pʲɪlʲtʲɪ]

koken (water kookt bij 100°C)	vìrti	['vʲɪrtʲɪ]
koken (Hoe om water te ~)	vìrinti	['vʲɪrʲɪntʲɪ]
gekookt (~ water)	vìrintas	['vʲɪrʲɪntas]
afkoelen (koeler maken)	atvėsìnti	[atvʲeː's'ɪntʲɪ]
afkoelen (koeler worden)	vėsìnti	[vʲeː's'ɪntʲɪ]

| smaak (de) | skõnis (v) | ['skoːnʲɪs] |
| nasmaak (de) | príeskonis (v) | ['prʲiɛskonʲɪs] |

volgen een dieet	laikýti diẽtos	[lʲʌɪ'kʲiːtʲɪ 'dʲɛtos]
dieet (het)	dietà (m)	[dʲiɛ'ta]
vitamine (de)	vitamìnas (v)	[vʲɪta'mʲɪnas]
calorie (de)	kalòrija (m)	[ka'lʲorʲɪjɛ]
vegetariër (de)	vegetãras (v)	[vʲɛgʲɛ'taːras]
vegetarisch (bn)	vegetãriškas	[vʲɛgʲɛ'taːrʲɪʃkas]

vetten (mv.)	riebalaĩ (v dgs)	[rʲiɛba'lʲʌɪ]
eiwitten (mv.)	baltymaĩ (v dgs)	[balʲtʲiː'mʌɪ]
koolhydraten (mv.)	angliãvandeniai (v dgs)	[an'glʲævandʲɛnʲɛɪ]
snede (de)	griežinỹs (v)	[grʲiɛʒʲɪ'nʲiːs]
stuk (bijv. een ~ taart)	gãbalas (v)	['gaːbalʲas]
kruimel (de)	trupinỹs (v)	[trʊpʲɪ'nʲiːs]

51. Bereide gerechten

gerecht (het)	pãtiekalas (v)	['paːtʲiɛkalʲas]
keuken (bijv. Franse ~)	virtùvė (m)	[vʲɪr'tʊvʲeː]
recept (het)	recèptas (v)	[rʲɛ'tsʲɛptas]
portie (de)	pòrcija (m)	['portsʲɪjɛ]

| salade (de) | salõtos (m) | [sa'lʲoːtos] |
| soep (de) | sriubà (m) | [srʲʊ'ba] |

bouillon (de)	sultinỹs (v)	[sʊlʲtʲɪ'nʲiːs]
boterham (de)	sumuštìnis (v)	[sʊmʊʃtʲɪnʲɪs]
spiegelei (het)	kiaušiniẽnė (m)	[kʲɛʊʃʲɪ'nʲɛnʲeː]

hamburger (de)	mėsaĩnis (v)	[mʲeː'sʌɪnʲɪs]
biefstuk (de)	bifštèksas (v)	[bʲɪfʃtʲɛksas]
garnering (de)	garnỹras (v)	[gar'nʲiːras]

spaghetti (de)	spagečiai (v dgs)	[spa'gʲɛtʂʲɛɪ]
aardappelpuree (de)	bulvių košė (m)	['bʊlʲvʲu: 'koːʃeː]
pizza (de)	pica (m)	[pʲɪ'tsa]
pap (de)	košė (m)	['koːʃeː]
omelet (de)	omletas (v)	[om'lʲɛtas]

gekookt (in water)	virtas	['vʲɪrtas]
gerookt (bn)	rūkytas	[ruː'kʲiːtas]
gebakken (bn)	keptas	['kʲæptas]
gedroogd (bn)	džiovintas	[dʒʲo'vʲɪntas]
diepvries (bn)	šaldytas	['ʃalʲdʲiːtas]
gemarineerd (bn)	marinuotas	[marʲɪ'nʊɑtas]

zoet (bn)	saldus	[salʲ'dʊs]
gezouten (bn)	sūrus	[suː'rʊs]
koud (bn)	šaltas	['ʃalʲtas]
heet (bn)	kárštas	['karʃtas]
bitter (bn)	kartus	[kar'tʊs]
lekker (bn)	skanus	[ska'nʊs]

koken (in kokend water)	virti	['vʲɪrtʲɪ]
bereiden (avondmaaltijd ~)	gaminti	[ga'mʲɪntʲɪ]
bakken (ww)	kepti	['kʲɛptʲɪ]
opwarmen (ww)	pašildyti	[pa'ʃɪlʲdʲiːtʲɪ]

zouten (ww)	sūdyti	['suːdʲiːtʲɪ]
peperen (ww)	įberti pipirų	[iː'bʲɛrtʲɪ pʲɪ'pʲɪːru:]
raspen (ww)	tarkuoti	[tar'kʊɑtʲɪ]
schil (de)	luoba (m)	['lʲʊɑba]
schillen (ww)	lupti bulves	['lʊptʲɪ 'bʊlʲvʲɛs]

52. Voedsel

vlees (het)	mėsa (m)	[mʲeː'sa]
kip (de)	višta (m)	[vʲɪʃ'ta]
kuiken (het)	viščiukas (v)	[vʲɪʃ'tʂʲʊkas]
eend (de)	antis (m)	['antʲɪs]
gans (de)	žąsinas (v)	['ʒaːsʲɪnas]
wild (het)	žvėriena (m)	[ʒvʲeː'rʲiɛna]
kalkoen (de)	kalakutiena (m)	[kalʲaku'tʲiɛna]

varkensvlees (het)	kiauliena (m)	[kʲɛʊ'lʲiɛna]
kalfsvlees (het)	veršiena (m)	[vʲɛr'ʃiɛna]
schapenvlees (het)	aviena (m)	[a'vʲiɛna]
rundvlees (het)	jautiena (m)	['jɑʊtʲiɛna]
konijnenvlees (het)	triušis (v)	['trʲʊʃɪs]

worst (de)	dešra (m)	[dʲɛʃʲra]
saucijs (de)	dešrelė (m)	[dʲɛʃʲrʲælʲe:]
spek (het)	bekonas (v)	[bʲɛ'konas]
ham (de)	kumpis (v)	['kʊmpʲɪs]
gerookte achterham (de)	kumpis (v)	['kʊmpʲɪs]
paté, pastei (de)	paštetas (v)	[paʃ'tʲɛtas]
lever (de)	kepenys (m dgs)	[kʲɛpe'nʲiːs]

gehakt (het)	fáršas (v)	['farʃas]
tong (de)	liežùvis (v)	[lʲiɛ'ʒʊvʲɪs]
ei (het)	kiaušìnis (v)	[kʲɛʊ'ʃɪnʲɪs]
eieren (mv.)	kiaušìniai (v dgs)	[kʲɛʊ'ʃɪnʲɛɪ]
eiwit (het)	báltymas (v)	['balʲtʲiːmas]
eigeel (het)	trynỹs (v)	[trʲiː'nʲiːs]
vis (de)	žuvìs (m)	[ʒʊ'vʲɪs]
zeevruchten (mv.)	jū́ros gėrýbės (m dgs)	['juːros gʲeː'rʲiːbʲeːs]
schaaldieren (mv.)	vėžiãgyviai (v dgs)	[vʲeː'ʒʲægʲiːvʲɛɪ]
kaviaar (de)	ìkrai (v dgs)	['ɪkrʌɪ]
krab (de)	krãbas (v)	['kraːbas]
garnaal (de)	krevètė (m)	[krʲɛ'vʲɛtʲeː]
oester (de)	áustrė (m)	['ɑustrʲeː]
langoest (de)	langùstas (v)	[lʲan'gʊstas]
octopus (de)	aštuonkõjis (v)	[aʃtʊaŋ'koːjis]
inktvis (de)	kalmãras (v)	[kalʲma:ras]
steur (de)	eršketíena (m)	[ɛrʃkʲɛ'tʲiɛna]
zalm (de)	lašišà (m)	[lʲaʃɪ'ʃa]
heilbot (de)	õtas (v)	['oːtas]
kabeljauw (de)	ménkė (m)	['mʲɛŋkʲeː]
makreel (de)	skùmbrė (m)	['skʊmbrʲeː]
tonijn (de)	tùnas (v)	['tʊnas]
paling (de)	ungurỹs (v)	[ʊngʊ'rʲiːs]
forel (de)	upétakis (v)	[ʊ'pʲeːtakʲɪs]
sardine (de)	sardinė (m)	[sar'dʲɪnʲeː]
snoek (de)	lydekà (m)	[lʲiː'dʲɛ'ka]
haring (de)	sìlkė (m)	['sʲɪlʲkʲeː]
brood (het)	dúona (m)	['dʊana]
kaas (de)	sū́ris (v)	['suːrʲɪs]
suiker (de)	cùkrus (v)	['tsʊkrʊs]
zout (het)	druskà (m)	[drʊs'ka]
rijst (de)	rỹžiai (v)	['rʲiːʒʲɛɪ]
pasta (de)	makarõnai (v dgs)	[maka'roːnʌɪ]
noedels (mv.)	lãkštiniai (v dgs)	['lʲaːkʃtʲɪnʲɛɪ]
boter (de)	svíestas (v)	['svʲiɛstas]
plantaardige olie (de)	augalìnis aliėjus (v)	[ɑugalʲɪnʲɪs a'lʲɛjʊs]
zonnebloemolie (de)	saulégrąžų aliėjus (v)	[sɑu'lʲeːgraːʒu: a'lʲɛjʊs]
margarine (de)	margarìnas (v)	[marga'rʲɪnas]
olijven (mv.)	alỹvuogės (m dgs)	[a'lʲiːvʊagʲeːs]
olijfolie (de)	alỹvuogių aliėjus (v)	[a'lʲiːvʊagʲu: a'lʲɛjʊs]
melk (de)	píenas (v)	['pʲiɛnas]
gecondenseerde melk (de)	sutìrštintas píenas (v)	[sʊ'tʲɪrʃtʲɪntas 'pʲiɛnas]
yoghurt (de)	jogùrtas (v)	[jo'gʊrtas]
zure room (de)	grietìnė (m)	[grʲiɛ'tʲɪnʲeː]
room (de)	grietinėlė (m)	[grʲiɛtʲɪ'nʲeːlʲeː]

mayonaise (de)	**majonèzas** (v)	[majɔ'nʲɛzas]
crème (de)	**krèmas** (v)	['krʲɛmas]

graan (het)	**kruõpos** (m dgs)	['krʊapos]
meel (het), bloem (de)	**mìltai** (v dgs)	['mʲɪlʲtʌɪ]
conserven (mv.)	**konsèrvai** (v dgs)	[kɔn'sʲɛrvʌɪ]

maïsvlokken (mv.)	**kukurū́zų drìbsniai** (v dgs)	[kʊkʊ'ruːzu: 'drʲɪbsnʲɛɪ]
honing (de)	**medùs** (v)	[mʲɛ'dʊs]
jam (de)	**džèmas** (v)	['dʒʲɛmas]
kauwgom (de)	**kram̃tomoji gumà** (m)	[kramto'mojɪ gʊ'ma]

53. Drankjes

water (het)	**vanduõ** (v)	[van'dʊɑ]
drinkwater (het)	**gēriamas vanduõ** (v)	['gʲærʲæmas van'dʊɑ]
mineraalwater (het)	**minerãlinis vanduõ** (v)	[mʲɪnʲɛ'raːlʲɪnʲɪs van'dʊɑ]

zonder gas	**bè gãzo**	['bʲɛ 'ga:zɔ]
koolzuurhoudend (bn)	**gazúotas**	[ga'zʊɑtas]
bruisend (bn)	**gazúotas**	[ga'zʊɑtas]
IJs (het)	**lẽdas** (v)	['lʲædas]
met ijs	**sù ledaìs**	['sʊ lʲɛ'dʌɪs]

alcohol vrij (bn)	**nealkohòlonis**	[nʲɛalʲko'ɣolonʲɪs]
alcohol vrije drank (de)	**nealkohòlonis gérimas** (v)	[nʲɛalʲko'ɣolonʲɪs 'gʲe:rʲɪmas]
frisdrank (de)	**gaivùsis gérimas** (v)	[gʌɪ'vʊsʲɪs 'gʲe:rʲɪmas]
limonade (de)	**limonãdas** (v)	[lʲɪmo'na:das]

alcoholische dranken (mv.)	**alkohòliniai gérimai** (v dgs)	[alʲko'ɣolʲɪnʲɛɪ 'gʲe:rʲɪmʌɪ]
wijn (de)	**vȳnas** (v)	['vʲi:nas]
witte wijn (de)	**báltas vȳnas** (v)	['balʲtas 'vʲi:nas]
rode wijn (de)	**raudónas vȳnas** (v)	[rɑʊ'donas 'vʲi:nas]

likeur (de)	**lìkeris** (v)	['lʲɪkʲɛrʲɪs]
champagne (de)	**šampãnas** (v)	[ʃam'pa:nas]
vermout (de)	**vèrmutas** (v)	['vʲɛrmʊtas]

whisky (de)	**vìskis** (v)	['vʲɪskʲɪs]
wodka (de)	**degtìnė** (m)	[dʲɛk'tʲɪnʲe:]
gin (de)	**džìnas** (v)	['dʒʲɪnas]
cognac (de)	**konjãkas** (v)	[kɔn'ja:kas]
rum (de)	**ròmas** (v)	['romas]

koffie (de)	**kavà** (m)	[ka'va]
zwarte koffie (de)	**juodà kavà** (m)	[jʊɑ'da ka'va]
koffie (de) met melk	**kavà sù píenu** (m)	[ka'va 'sʊ 'pʲɛnʊ]
cappuccino (de)	**kapučìno kavà** (m)	[kapu'tʂɪnɔ ka'va]
oploskoffie (de)	**tirpì kavà** (m)	['tʲɪr'pʲɪ ka'va]

melk (de)	**píenas** (v)	['pʲɛnas]
cocktail (de)	**koktèilis** (v)	[kɔk'tʲɛɪlʲɪs]
milkshake (de)	**píeniškas koktèilis** (v)	['pʲɛnʲɪʃkas kok'tʲɛɪlʲɪs]
sap (het)	**sùltys** (m dgs)	['sʊlʲtʲi:s]

tomatensap (het)	pomidorų sultys (m dgs)	[pom^jɪ'doru: 'sul^jt^ji:s]
sinaasappelsap (het)	apelsinų sultys (m dgs)	[ap^jɛl^js^jɪnu: 'sul^jt^ji:s]
vers geperst sap (het)	šviežiai spaustos sultys (m dgs)	[ʃv^jiɛ'ʒ^jɛɪ 'spaustos 'sul^jt^ji:s]

bier (het)	alus (v)	[a'l^jʊs]
licht bier (het)	šviesus alus (v)	[ʃv^jiɛ'sʊs a'l^jʊs]
donker bier (het)	tamsus alus (v)	[tam'sʊs a'l^jʊs]

thee (de)	arbata (m)	[arba'ta]
zwarte thee (de)	juoda arbata (m)	[jʊa'da arba'ta]
groene thee (de)	žalia arbata (m)	[ʒa'l^jæ arba'ta]

54. Groenten

groenten (mv.)	daržovės (m dgs)	[dar'ʒov^je:s]
verse kruiden (mv.)	žalumynai (v)	[ʒal^jʊ'm^ji:nʌɪ]

tomaat (de)	pomidoras (v)	[pom^jɪ'doras]
augurk (de)	agurkas (v)	[a'gʊrkas]
wortel (de)	morka (m)	[mor'ka]
aardappel (de)	bulvė (m)	['bul^jv^je:]
ui (de)	svogūnas (v)	[svo'gu:nas]
knoflook (de)	česnakas (v)	[tʂ^jɛs'na:kas]

kool (de)	kopūstas (v)	[kɔ'pu:stas]
bloemkool (de)	kalafioras (v)	[kal^ja'fioras]
spruitkool (de)	briuselio kopūstas (v)	['br^jʊs^jɛl^jɔ ko'pu:stas]
broccoli (de)	brokolių kopūstas (v)	['brokol^ju: ko'pu:stas]

rode biet (de)	runkelis, burokas (v)	['rʊŋk^jɛl^jɪs], [bʊ'ro:kas]
aubergine (de)	baklažanas (v)	[bakl^ja'ʒa:nas]
courgette (de)	agurotis (v)	[agʊ'ro:t^jɪs]

pompoen (de)	rópė (m)	['rop^je:]
raap (de)	moliūgas (v)	[mo'l^ju:gas]

peterselie (de)	petražolė (m)	[p^jɛ'tra:ʒol^je:]
dille (de)	krapas (v)	['kra:pas]
sla (de)	salota (m)	[sa'l^jo:ta]
selderij (de)	saliēras (v)	[sa'l^jɛras]

asperge (de)	smidras (v)	['sm^jɪdras]
spinazie (de)	špinātas (v)	[ʃp^jɪ'na:tas]

erwt (de)	žirniai (v dgs)	['ʒ^jɪrn^jɛɪ]
bonen (mv.)	pupos (m dgs)	['pʊpos]

maïs (de)	kukurūzas (v)	[kʊkʊ'ru:zas]
boon (de)	pupelės (m dgs)	[pʊ'p^jæl^je:s]

peper (de)	pipiras (v)	[p^jɪ'p^jɪras]
radijs (de)	ridikas (v)	[r^jɪ'd^jɪkas]
artisjok (de)	artišokas (v)	[art^jɪ'ʃokas]

55. Vruchten. Noten

vrucht (de)	vaĩsius (v)	['vʌɪsʲʊs]
appel (de)	obuolỹs (v)	[obʊɑ'lʲi:s]
peer (de)	kriáušė (m)	['krʲæʊʃʲe:]
citroen (de)	citrinà (m)	[tsʲɪtrʲɪ'na]
sinaasappel (de)	apelsìnas (v)	[apʲɛlʲ'sʲɪnas]
aardbei (de)	brãškė (m)	['bra:ʃkʲe:]

mandarijn (de)	mandarìnas (v)	[manda'rʲɪnas]
pruim (de)	slyvà (m)	[slʲi:'va]
perzik (de)	pèrsikas (v)	['pʲɛrsʲɪkas]
abrikoos (de)	abrikòsas (v)	[abrʲɪ'kosas]
framboos (de)	aviètė (m)	[a'vʲɛtʲe:]
ananas (de)	ananãsas (v)	[ana'na:sas]

banaan (de)	banãnas (v)	[ba'na:nas]
watermeloen (de)	arbūzas (v)	[ar'bu:zas]
druif (de)	vỹnuogės (m dgs)	['vʲi:nʊagʲe:s]
zure kers (de)	vyšnià (m)	[vʲi:ʃnʲæ]
zoete kers (de)	trešnė (m)	['trʲæʃnʲe:]
meloen (de)	meliõnas (v)	[mʲɛ'lʲonas]

grapefruit (de)	greĩpfrutas (v)	['grʲɛɪpfrʊtas]
avocado (de)	avokãdas (v)	[avo'kadas]
papaja (de)	papája (m)	[pa'pa ja]
mango (de)	mángo (v)	['mangɔ]
granaatappel (de)	granãtas (v)	[gra'na:tas]

rode bes (de)	raudoníeji serbeñtai (v dgs)	[raʊdo'nʲɛji sʲɛr'bʲɛntʌɪ]
zwarte bes (de)	juodíeji serbeñtai (v dgs)	[jʊa'dʲiɛjɪ sʲɛr'bʲɛntʌɪ]
kruisbes (de)	agrãstas (v)	[ag'ra:stas]
bosbes (de)	mėlỹnės (m dgs)	[mʲe:'lʲi:nʲe:s]
braambes (de)	gérvuogės (m dgs)	['gʲɛrvʊagʲe:s]

rozijn (de)	razìnos (m dgs)	[ra'zʲɪnos]
vijg (de)	figà (m)	[fʲɪ'ga]
dadel (de)	datùlė (m)	[da'tʊlʲe:]

pinda (de)	žẽmės riešutaĩ (v)	['ʒʲæmʲe:s rʲɪɛʃʊ'tʌɪ]
amandel (de)	migdõlas (v)	[mʲɪg'do:lʲas]
walnoot (de)	graĩkinis ríešutas (v)	['grʌɪkʲɪnʲɪs rʲɪɛʃʊtas]
hazelnoot (de)	ríešutas (v)	['rʲɪɛʃʊtas]
kokosnoot (de)	kòkoso ríešutas (v)	['kokosɔ rʲɪɛʃʊtas]
pistaches (mv.)	pistãcijos (m dgs)	[pʲɪs'ta:tsʲɪjɔs]

56. Brood. Snoep

suikerbakkerij (de)	konditėrijos gaminiaĩ (v)	[kɔndʲɪ'tʲɛrʲɪjɔs gamʲɪ'nʲɛɪ]
brood (het)	dúona (m)	['dʊana]
koekje (het)	sausaĩniai (v)	[saʊ'sʌɪnʲɛɪ]
chocolade (de)	šokolãdas (v)	[ʃoko'lʲa:das]
chocolade- (abn)	šokolãdinis	[ʃoko'lʲa:dʲɪnʲɪs]

snoepje (het)	saldaĩnis (v)	[salʲʼdʌ́ɪnʲɪs]
cakeje (het)	pyragáitis (v)	[pʲiːraˈgʌɪtʲɪs]
taart (bijv. verjaardags~)	tòrtas (v)	[ˈtortas]

| pastei (de) | pyrãgas (v) | [pʲiːˈraːgas] |
| vulling (de) | įdaras (v) | [ˈiːdaras] |

confituur (de)	uogiẽnė (m)	[ʊɑˈgʲɛnʲeː]
marmelade (de)	marmelãdas (v)	[marmʲɛˈlʲaːdas]
wafel (de)	vãfliai (v dgs)	[ˈvaːflʲɛɪ]
IJsje (het)	ledaĩ (v dgs)	[lʲɛˈdʌɪ]
pudding (de)	pùdingas (v)	[ˈpʊdʲɪngas]

57. Kruiden

zout (het)	druská (m)	[drʊsˈka]
gezouten (bn)	sū́rus	[suːˈrʊs]
zouten (ww)	sū́dyti	[ˈsuːdʲɪːtʲɪ]

zwarte peper (de)	juodíeji pipìrai (v)	[jʊɑˈdʲiɛjɪ pʲɪˈpʲɪrʌɪ]
rode peper (de)	raudoníeji pipìrai (v)	[rɑʊdoˈnʲiɛjɪ pʲɪˈpʲɪrʌɪ]
mosterd (de)	garstýčios (v)	[garˈstʲiːtʂʲos]
mierikswortel (de)	krienaĩ (v dgs)	[krʲiɛˈnʌɪ]

condiment (het)	príeskonis (v)	[ˈprʲiɛskonʲɪs]
specerij , kruiderij (de)	príeskonis (v)	[ˈprʲiɛskonʲɪs]
saus (de)	pãdažas (v)	[ˈpaːdaʒas]
azijn (de)	ãctas (v)	[ˈaːtstas]

anijs (de)	anýžius (v)	[aˈnʲiːʒʲus]
basilicum (de)	bazìlikas (v)	[baˈzʲɪlʲɪkas]
kruidnagel (de)	gvazdìkas (v)	[gvazˈdʲɪkas]
gember (de)	imbieras (v)	[ˈɪmbʲiɛras]
koriander (de)	kaléndra (m)	[kaˈlʲɛndra]
kaneel (de/het)	cinamònas (v)	[tsʲɪnaˈmonas]

sesamzaad (het)	sezãmas (v)	[sʲɛˈzaːmas]
laurierblad (het)	láuro lãpas (v)	[ˈlʲɑʊrɑ ˈlʲaːpas]
paprika (de)	pãprika (m)	[ˈpaːprʲɪka]
komijn (de)	kmỹnai (v)	[ˈkmʲiːnʌɪ]
saffraan (de)	šafrãnas (v)	[ʃafˈraːnas]

PERSOONLIJKE INFORMATIE. FAMILIE

58. Persoonlijke informatie. Formulieren

naam (de)	vardas (v)	['vardas]
achternaam (de)	pavardě (m)	[pavar'dʲe:]
geboortedatum (de)	gimìmo datà (m)	[gʲɪ'mʲɪmɔ da'ta]
geboorteplaats (de)	gimìmo vietà (m)	[gʲɪ'mʲɪmɔ vʲɪɛ'ta]
nationaliteit (de)	tautýbė (m)	[tɑʊ'tʲi:bʲe:]
woonplaats (de)	gyvēnamoji vietà (m)	[gʲi:vʲæna'mojɪ vʲɪɛ'ta]
land (het)	šalìs (m)	[ʃa'lʲɪs]
beroep (het)	profèsija (m)	[profʲɛsʲɪjɛ]
geslacht (ov. het vrouwelijk ~)	lytis (m)	['lʲi:tʲɪs]
lengte (de)	ūgis (v)	['u:gʲɪs]
gewicht (het)	svõris (v)	['svo:rʲɪs]

59. Familieleden. Verwanten

moeder (de)	mótina (m)	['motʲɪna]
vader (de)	tévas (v)	['tʲe:vas]
zoon (de)	sūnùs (v)	[su:'nʊs]
dochter (de)	dukrà, duktě (m)	[dʊk'ra], [dʊk'tʲe:]
jongste dochter (de)	jaunesnióji duktě (m)	[jɛʊnes'nʲo:jɪ dʊk'tʲe:]
jongste zoon (de)	jaunesnỹsis sūnùs (v)	[jɛʊnʲɛs'nʲi:sʲɪs su:'nʊs]
oudste dochter (de)	vyresnióji duktě (m)	[vʲi:res'nʲo:jɪ dʊk'tʲe:]
oudste zoon (de)	vyresnỹsis sūnùs (v)	[vʲi:rʲɛs'nʲi:sʲɪs su:'nʊs]
broer (de)	brólis (v)	['brolʲɪs]
oudere broer (de)	vyresnỹsis brólis (v)	[vʲi:rʲɛs'nʲi:sʲɪs 'brolʲɪs]
jongere broer (de)	jaunesnỹsis brólis (v)	[jɛʊnʲɛs'nʲi:sʲɪs 'brolʲɪs]
zuster (de)	sesuõ (m)	[sʲɛ'sʊɑ]
oudere zuster (de)	vyresnióji sesuõ (m)	[vʲi:rʲɛs'nʲo:jɪ sʲɛ'sʊɑ]
jongere zuster (de)	jaunesnióji sesuõ (m)	[jɛʊnʲɛs'nʲo:jɪ sʲɛ'sʊɑ]
neef (zoon van oom, tante)	pùsbrolis (v)	['pʊsbrolʲɪs]
nicht (dochter van oom, tante)	pùsseserė (m)	['pʊsseserʲe:]
mama (de)	mamà (m)	[ma'ma]
papa (de)	tětis (v)	['tʲe:tʲɪs]
ouders (mv.)	tévaì (v)	[tʲe:'vʌɪ]
kind (het)	vaĩkas (v)	['vʌɪkas]
kinderen (mv.)	vaikaì (v)	[vʌɪ'kʌɪ]
oma (de)	senēlė (m)	[sʲɛ'nʲælʲe:]
opa (de)	senēlis (v)	[sʲɛ'nʲælʲɪs]

kleinzoon (de)	anūkas (v)	[a'nu:kas]
kleindochter (de)	anūkė (m)	[a'nu:kʲe:]
kleinkinderen (mv.)	anūkai (v)	[a'nu:kʌɪ]

oom (de)	dėdė (v)	['dʲe:dʲe:]
tante (de)	teta (m)	[tʲɛ'ta]
neef (zoon van broer, zus)	sūnėnas (v)	[su:'nʲe:nas]
nicht (dochter van broer ,zus)	dukterėčia (m)	[dʊkte'rʲe:tʂʲæ]

schoonmoeder (de)	úošvė (m)	['ʊɑʃvʲe:]
schoonvader (de)	úošvis (v)	['ʊɑʃvʲɪs]
schoonzoon (de)	žéntas (v)	['ʒʲɛntas]
stiefmoeder (de)	pámotė (m)	['pa:motʲe:]
stiefvader (de)	patévis (v)	[pa'tʲe:vʲɪs]

zuigeling (de)	kūdikis (v)	['ku:dʲɪkʲɪs]
wiegenkind (het)	naujāgimis (v)	[nɑʊ'ja:gʲɪmʲɪs]
kleuter (de)	vaikas (v)	['vʌɪkas]

vrouw (de)	žmona (m)	[ʒmo'na]
man (de)	výras (v)	['vʲi:ras]
echtgenoot (de)	sutuoktìnis (v)	[sʊtʊak'tʲɪnʲɪs]
echtgenote (de)	sutuoktìnė (m)	[sʊtʊak'tʲɪnʲe:]

gehuwd (mann.)	vēdęs	['vʲædʲɛ:s]
gehuwd (vrouw.)	ištekėjusi	[ɪʃtʲɛ'kʲe:jʊsʲɪ]
ongehuwd (mann.)	viengungis	[vʲɪɛŋ'gʊŋgʲɪs]
vrijgezel (de)	viengungis (v)	[vʲɪɛŋ'gʊŋgʲɪs]
gescheiden (bn)	išsiskýręs	[ɪʃsʲɪ'skʲi:rʲɛ:s]
weduwe (de)	našlė (m)	[naʃ'lʲe:]
weduwnaar (de)	našlýs (v)	[naʃ'lʲi:s]

familielid (het)	giminaitis (v)	[gʲɪmʲɪ'nʌɪtʲɪs]
dichte familielid (het)	artimas giminaitis (v)	['artʲɪmas gʲɪmʲɪ'nʌɪtʲɪs]
verre familielid (het)	tólimas giminaitis (v)	['tolʲɪmas gʲɪmʲɪ'nʌɪtʲɪs]
familieleden (mv.)	gìminės (m dgs)	['gʲɪmʲɪnʲe:s]

wees (de), weeskind (het)	našlaitis (v)	[naʃ'lʲʌɪtʲɪs]
voogd (de)	globéjas (v)	[glʲo'bʲe:jas]
adopteren (een jongen te ~)	įsūnyti	[i:'su:nʲɪ:tʲɪ]
adopteren (een meisje te ~)	įdukrinti	[i:'dʊkrʲɪntʲɪ]

60. Vrienden. Collega's

vriend (de)	draūgas (v)	['drɑʊgas]
vriendin (de)	draugė (m)	[drɑʊ'gʲe:]
vriendschap (de)	draugỹstė (m)	[drɑʊ'gʲi:stʲe:]
bevriend zijn (ww)	draugáuti	[drɑʊ'gɑʊtʲɪ]

makker (de)	pažįstamas (v)	[pa'ʒʲɪ:stamas]
vriendin (de)	pažįstama (m)	[paʒʲɪ:sta'ma]
partner (de)	pártneris (v)	['partnʲɛrʲɪs]
chef (de)	šefas (v)	['ʃɛfas]
baas (de)	vìršininkas (v)	['vʲɪrʃɪnʲɪŋkas]

eigenaar (de)	savininkas (v)	[savʲɪ'nʲɪŋkas]
ondergeschikte (de)	pavaldinỹs (v)	[pavalʲdʲɪ'nʲiːs]
collega (de)	kolega (v)	[kɔlʲɛ'ga]
kennis (de)	pažĮstamas (v)	[pa'ʒɪ:stamas]
medereiziger (de)	pakeleĩvis (v)	[pakʲɛ'lʲɛɪvʲɪs]
klasgenoot (de)	klasiõkas (v)	[klʲa'sʲo:kas]
buurman (de)	kaimýnas (v)	[kʌɪ'mʲiː:nas]
buurvrouw (de)	kaimýnė (m)	[kʌɪ'mʲiː:nʲeː]
buren (mv.)	kaimýnai (v)	[kʌɪ'mʲiː:nʌɪ]

MENSELIJK LICHAAM. GENEESKUNDE

61. Hoofd

hoofd (het)	galvà (m)	[galʲ'va]
gezicht (het)	veidas (v)	['vʲɛɪdas]
neus (de)	nosis (m)	['nosʲɪs]
mond (de)	burnà (m)	[bʊr'na]
oog (het)	akìs (m)	[a'kʲɪs]
ogen (mv.)	ãkys (m dgs)	['a:kʲi:s]
pupil (de)	vyzdỹs (v)	[vʲi:z'dʲi:s]
wenkbrauw (de)	antakis (v)	['antakʲɪs]
wimper (de)	blakstíena (m)	[blʲak'stʲiɛna]
ooglid (het)	võkas (v)	['vo:kas]
tong (de)	liežùvis (v)	[lʲiɛ'ʒʊvʲɪs]
tand (de)	dantìs (v)	[dan'tʲɪs]
lippen (mv.)	lū́pos (m dgs)	['lʲu:pos]
jukbeenderen (mv.)	skruostìkauliai (v dgs)	[skrʊɑ'stʲɪkɑʊlʲɛɪ]
tandvlees (het)	dantenõs (m dgs)	[dantʲɛ'no:s]
gehemelte (het)	gomurỹs (v)	[gomʊ'rʲi:s]
neusgaten (mv.)	šnérvės (m dgs)	['ʃnʲærvʲe:s]
kin (de)	smãkras (v)	['sma:kras]
kaak (de)	žandìkaulis (v)	[ʒan'dʲɪkɑʊlʲɪs]
wang (de)	skrúostas (v)	['skrʊɑstas]
voorhoofd (het)	kaktà (m)	[kak'ta]
slaap (de)	smilkinỹs (v)	[smʲɪlʲkʲɪ'nʲi:s]
oor (het)	ausìs (m)	[ɑʊ'sʲɪs]
achterhoofd (het)	pakáušis, sprándas (v)	[pa'kɑʊʃɪs], ['sprandas]
hals (de)	kãklas (v)	['ka:klʲas]
keel (de)	gerklė̃ (m)	[gʲɛrk'lʲe:]
haren (mv.)	plaukaĩ (v dgs)	[plʲɑʊ'kʌɪ]
kapsel (het)	šukúosena (m)	[ʃʊ'kʊɑsʲɛna]
haarsnit (de)	kirpìmas (v)	[kʲɪr'pʲɪmas]
pruik (de)	perùkas (v)	[pʲɛ'rʊkas]
snor (de)	ū̃sai (v dgs)	['u:sʌɪ]
baard (de)	barzdà (m)	[barz'da]
dragen (een baard, enz.)	nešióti	[nʲɛ'ʃotʲɪ]
vlecht (de)	kasà (m)	[ka'sa]
bakkebaarden (mv.)	žándenos (m dgs)	['ʒandʲɛnos]
ros (roodachtig, rossig)	rùdis	['rʊdʲɪs]
grijs (~ haar)	žìlas	['ʒʲɪlʲas]
kaal (bn)	plìkas	['plʲɪkas]
kale plek (de)	plìkė (m)	['plʲɪkʲe:]

paardenstaart (de)	uodegà (m)	[ʊadʲɛ'ga]
pony (de)	kĩrpčiai (v dgs)	['kʲɪrptʂʲɛɪ]

62. Menselijk lichaam

hand (de)	plãštaka (m)	['plʲaːʃtaka]
arm (de)	rankà (m)	[raŋ'ka]

vinger (de)	pĩrštas (v)	['pʲɪrʃtas]
duim (de)	nykštỹs (v)	[nʲiːkʃ'tʲiːs]
pink (de)	mažàsis pĩrštas (v)	[ma'ʒasʲɪs 'pʲɪrʃtas]
nagel (de)	nãgas (v)	['naːgas]

vuist (de)	kùmštis (v)	['kʊmʃtʲɪs]
handpalm (de)	délnas (v)	['dʲɛlʲnas]
pols (de)	ríešas (v)	['rʲiɛʃas]
voorarm (de)	dìlbis (v)	['dʲɪlʲbʲɪs]
elleboog (de)	alkū̃nė (m)	[alʲ"kuːnʲeː]
schouder (de)	petìs (v)	[pʲɛ'tʲɪs]

been (rechter ~)	kója (m)	['koja]
voet (de)	pėdà (m)	[pʲeː'da]
knie (de)	kélias (v)	['kʲælʲæs]
kuit (de)	blauzdà (m)	[blʲaʊz'da]
heup (de)	šlaunìs (m)	[ʃlʲaʊ'nʲɪs]
hiel (de)	kùlnas (v)	['kʊlʲnas]

lichaam (het)	kū́nas (v)	['kuːnas]
buik (de)	pílvas (v)	['pʲɪlʲvas]
borst (de)	krūtìnė (m)	[kruː'tʲɪnʲeː]
borst (de)	krūtìs (m)	[kruː'tʲɪs]
zijde (de)	šónas (v)	['ʃonas]
rug (de)	nùgara (m)	['nʊgara]
lage rug (de)	juosmuõ (v)	[jʊas'mʊa]
taille (de)	liemuõ (v)	[lʲiɛ'mʊa]

navel (de)	bámba (m)	['bamba]
billen (mv.)	sédmenys (v dgs)	['sʲeːdmenʲiːs]
achterwerk (het)	pastùrgalis, ùžpakalis (v)	[pas'tʊrgalʲɪs], ['ʊʒpakalʲɪs]

huidvlek (de)	ãpgamas (v)	['aːpgamas]
moedervlek (de)	ãpgamas (v)	['aːpgamas]
tatoeage (de)	tatuiruõtė (m)	[tatʊi'rʊatʲeː]
litteken (het)	rándas (v)	['randas]

63. Ziekten

ziekte (de)	ligà (m)	[lʲɪ'ga]
ziek zijn (ww)	sĩrgti	['sʲɪrktʲɪ]
gezondheid (de)	sveikatà (m)	[svʲɛɪka'ta]
snotneus (de)	slogà (m)	[slʲo'ga]
angina (de)	anginà (m)	[angʲɪ'na]

verkoudheid (de)	péršalimas (v)	['pʲɛrʃalʲɪmas]
verkouden raken (ww)	péršalti	['pʲɛrʃalʲtʲɪ]

bronchitis (de)	bronchìtas (v)	[bron'xʲɪtas]
longontsteking (de)	plaŭčių uždegìmas (v)	['pʲlɑʊtʃʲu: ʊʒdʲɛ'gʲɪmas]
griep (de)	grìpas (v)	['grʲɪpas]

bijziend (bn)	trumparēgis	[trʊmpa'rʲægʲɪs]
verziend (bn)	toliarēgis	[tolʲæ'rʲægʲɪs]
scheelheid (de)	žvairùmas (v)	[ʒvʌɪ'rʊmas]
scheel (bn)	žvaìras	['ʒvʌɪras]
grauwe staar (de)	kataraktà (m)	[katarak'ta]
glaucoom (het)	glaukomà (m)	[glʲɑʊko'ma]

beroerte (de)	insùltas (v)	[ɪn'sʊlʲtas]
hartinfarct (het)	infárktas (v)	[ɪn'farktas]
myocardiaal infarct (het)	miokárda infárktas (v)	[mʲɪjo'karda in'farktas]
verlamming (de)	paralyžius (v)	[para'lʲi:ʒʲʊs]
verlammen (ww)	paraližúoti	[paralʲɪ'ʒʊɑtʲɪ]

allergie (de)	alèrgija (m)	[a'lʲɛrgʲɪjɛ]
astma (de/het)	astmà (m)	[ast'ma]
diabetes (de)	diabètas (v)	[dʲɪja'bʲɛtas]

tandpijn (de)	dantų skaūsmas (v)	[dan'tu: 'skɑʊsmas]
tandbederf (het)	kāriesas (v)	['ka:rʲiɛsas]

diarree (de)	diaréja (m)	[dʲɪjarʲe:ja]
constipatie (de)	vidurių užkietéjimas (v)	[vʲɪdʊ'rʲu: ʊʒkʲiɛ'tʲɛjɪmas]
maagstoornis (de)	skrañdžio sutrikìmas (v)	['skrandʒʲɔ sʊtrʲɪ'kʲɪmas]
voedselvergiftiging (de)	apsinuōdijimas (v)	[apsʲɪ'nʊɑdʲɪjimas]
voedselvergiftiging oplopen	apsinuōdyti	[apsʲɪ'nʊɑdʲi:tʲɪ]

artritis (de)	artrìtas (v)	[art'rʲɪtas]
rachitis (de)	rachìtas (v)	[ra'xʲɪtas]
reuma (het)	reumatìzmas (v)	[rʲɛuma'tʲɪzmas]
arteriosclerose (de)	aterosklerozè (m)	[aterosklʲɛ'rozʲe:]

gastritis (de)	gastrìtas (v)	[gas'trʲɪtas]
blindedarmontsteking (de)	apendicìtas (v)	[apʲɛndʲɪ'tsʲɪtas]
galblaasontsteking (de)	cholecistìtas (v)	[xolʲɛtsʲɪs'tʲɪtas]
zweer (de)	opà (m)	[o'pa]

mazelen (mv.)	tymaĩ (v)	[tʲi:'mʌɪ]
rodehond (de)	raudoniukė (m)	[rɑʊdo'nʲʊkʲe:]
geelzucht (de)	geltà (m)	[gʲɛlʲ'ta]
leverontsteking (de)	hepatìtas (v)	[ɣʲɛpa'tʲɪtas]

schizofrenie (de)	šizofrènija (m)	[ʃɪzo'frʲɛnʲɪjɛ]
dolheid (de)	pasiùtligė (m)	[pa'sʲʊtlʲɪgʲe:]
neurose (de)	neurozè (m)	[nʲɛʊ'rozʲe:]
hersenschudding (de)	smegenų sutrenkìmas (v)	[smʲɛgʲɛ'nu: sʊtrʲɛŋ'kʲɪmas]

kanker (de)	vėžỹs (v)	[vʲe:'ʒʲi:s]
sclerose (de)	sklerozè (m)	[sklʲɛ'rozʲe:]
multiple sclerose (de)	išsétinė sklerozè (m)	[ɪʃsʲe:'tʲɪnʲe: sklʲɛ'rozʲe:]

alcoholisme (het)	alkoholìzmas (v)	[alʲkoɣo'lʲɪzmas]
alcoholicus (de)	alokoholikas (v)	[aloko'ɣolʲɪkas]
syfilis (de)	sìfilis (v)	['sʲɪfʲɪlʲɪs]
AIDS (de)	ŽIV (v)	['ʒʲɪv]

tumor (de)	auglỹs (v)	[aʊg'lʲiːs]
koorts (de)	karštligė (m)	['karʃtlʲɪgʲe:]
malaria (de)	maliàrija (m)	[ma'lʲærʲɪjɛ]
gangreen (het)	gangrenà (m)	[gangrʲɛ'na]
zeeziekte (de)	jũros ligà (m)	['juːros lʲɪ'ga]
epilepsie (de)	epilèpsija (m)	[ɛpʲɪ'lʲɛpsʲɪjɛ]

epidemie (de)	epidèmija (m)	[ɛpʲɪ'dʲɛmʲɪjɛ]
tyfus (de)	šìltinė (m)	['ʃɪlʲtʲɪnʲe:]
tuberculose (de)	tuberkuliòzė (m)	[tʊberkʊ'lʲozʲe:]
cholera (de)	cholera (m)	['xolʲɛra]
pest (de)	mãras (v)	['maːras]

64. Symptomen. Behandelingen. Deel 1

symptoom (het)	simptòmas (v)	[sʲɪmp'tomas]
temperatuur (de)	temperatūrà (m)	[tʲɛmpʲɛratu:'ra]
verhoogde temperatuur (de)	aukštà temperatūrà (m)	[aʊkʃʲta tʲɛmpʲɛratu:'ra]
polsslag (de)	pùlsas (v)	['pʊlʲsas]

duizeling (de)	galvõs svaigìmas (v)	[galʲ'voːs svʌɪ'gʲɪmas]
heet (erg warm)	kárštas	['karʃtas]
koude rillingen (mv.)	drebulỹs (v)	[drʲɛbʊ'lʲiːs]
bleek (bn)	išbãlęs	[ɪʃ'ba:lʲɛːs]

hoest (de)	kosulỹs (v)	[kɔsʊ'lʲiːs]
hoesten (ww)	kósėti	['kosʲe:tʲɪ]
niezen (ww)	čiáudėti	['tsʲæʊdʲe:tʲɪ]
flauwte (de)	nualpimas (v)	[nʊ'alʲpʲɪmas]
flauwvallen (ww)	nualpti	[nʊ'alʲptʲɪ]

blauwe plek (de)	mėlynė (m)	[mʲe:'lʲiːnʲe:]
buil (de)	gùzas (v)	['gʊzas]
zich stoten (ww)	atsitreñkti	[atsʲɪ'trʲɛŋktʲɪ]
kneuzing (de)	sumušìmas (v)	[sʊmʊ'ʃɪmas]
kneuzen (gekneusd zijn)	susimùšti	[sʊsʲɪ'mʊʃtʲɪ]

hinken (ww)	šlubúoti	[ʃlʲʊ'bʊɑtʲɪ]
verstuiking (de)	išnirìmas (v)	[ɪʃnʲɪ'rʲɪmas]
verstuiken (enkel, enz.)	išnarìnti	[ɪʃna'rʲɪntʲɪ]
breuk (de)	lũžis (v)	['lʲuːʒɪs]
een breuk oplopen	susiláužyti	[sʊsʲɪ'lʲaʊʒʲiːtʲɪ]

snijwond (de)	įpjovìmas (v)	[i:pjɔ'vʲɪːmas]
zich snijden (ww)	įsipjáuti	[i:sʲɪ'pjaʊtʲɪ]
bloeding (de)	kraujãvimas (v)	[kraʊ'ja:vʲɪmas]

| brandwond (de) | nudegìmas (v) | [nʊdʲɛ'gʲɪmas] |
| zich branden (ww) | nusidėginti | [nʊsʲɪ'dʲæɡʲɪntʲɪ] |

prikken (ww)	įdurti	[i:'dʊrtʲɪ]
zich prikken (ww)	įsidurti	[i:sʲɪ'dʊrtʲɪ]
blesseren (ww)	susižaloti	[sʊsʲɪʒa'lʲotʲɪ]
blessure (letsel)	sužalojimas (v)	[sʊʒa'lʲo:jɪmas]
wond (de)	žaizda (m)	[ʒʌɪz'da]
trauma (het)	trauma (m)	['trɑʊma]

IJlen (ww)	sapalioti	[sapa'lʲotʲɪ]
stotteren (ww)	mikčioti	[mʲɪk'tʂʲotʲɪ]
zonnesteek (de)	saulės smūgis (v)	['sɑʊlʲe:s 'smu:gʲɪs]

65. Symptomen. Behandelingen. Deel 2

| pijn (de) | skausmas (v) | ['skɑʊsmas] |
| splinter (de) | rakštis (m) | [rakʃ'tʲɪs] |

zweet (het)	prakaitas (v)	['pra:kʌɪtas]
zweten (ww)	prakaituoti	[prakʌɪ'tʊɑtʲɪ]
braking (de)	pykinimas (v)	['pʲi:kʲɪnʲɪmas]
stuiptrekkingen (mv.)	traukuliai (v)	[trɑʊ'kʊlʲɛɪ]

zwanger (bn)	nėščia	[nʲe:ʃtʂʲæ]
geboren worden (ww)	gimti	['gʲɪmtʲɪ]
geboorte (de)	gimdymas (v)	['gʲɪmdʲi:mas]
baren (ww)	gimdyti	[gʲɪm'dʲi:tʲɪ]
abortus (de)	abortas (v)	[a'bortas]

ademhaling (de)	kvėpavimas (v)	[kvʲe:'pa:vʲɪmas]
inademing (de)	įkvėpis (v)	['i:kvʲe:pʲɪs]
uitademing (de)	iškvėpimas (v)	[ɪʃkvʲe:'pʲɪmas]
uitademen (ww)	iškvėpti	[ɪʃ'kvʲe:ptʲɪ]
inademen (ww)	įkvėpti	[i:k'vʲe:ptʲɪ]
invalide (de)	invalidas (v)	[ɪnva'lʲɪdas]
gehandicapte (de)	luošys (v)	[lʲʊɑ'ʃʲɪ:s]
drugsverslaafde (de)	narkomanas (v)	[narko'ma:nas]

doof (bn)	kurčias	['kʊrtʂʲæs]
stom (bn)	nebylys	[nʲɛbʲi:'lʲi:s]
doofstom (bn)	kurčnebylis	['kʊrtʂnʲɛbʲi:lʲɪs]

krankzinnig (bn)	pamišęs	[pa'mʲɪʃɛ:s]
krankzinnige (man)	pamišęs (v)	[pa'mʲɪʃɛ:s]
krankzinnige (vrouw)	pamišusi (m)	[pa'mʲɪʃʊsʲɪ]
krankzinnig worden	išprotėti	[ɪʃpro'tʲe:tʲɪ]

gen (het)	genas (v)	['gʲɛnas]
immuniteit (de)	imunitetas (v)	[ɪmʊnʲɪ'tʲɛtas]
erfelijk (bn)	paveldimas	[pa'vʲɛlʲdʲɪmas]
aangeboren (bn)	įgimtas	['i:gʲɪmtas]

virus (het)	virusas (v)	['vʲɪrʊsas]
microbe (de)	mikrobas (v)	[mʲɪk'robas]
bacterie (de)	bakterija (m)	[bak'tʲɛrʲɪjɛ]
infectie (de)	infekcija (m)	[ɪn'fɛktsʲɪjɛ]

66. Symptomen. Behandelingen. Deel 3

ziekenhuis (het)	ligóninė (m)	[lʲɪ'gonʲɪnʲe:]
patiënt (de)	pacieñtas (v)	[pa'tsʲiɛntas]

diagnose (de)	diagnózė (m)	[dʲɪjag'nozʲe:]
genezing (de)	gýdymas (v)	['gʲi:dʲi:mas]
medische behandeling (de)	gýdymas (v)	['gʲi:dʲi:mas]
onder behandeling zijn	gýdytis	['gʲi:dʲi:tʲɪs]
behandelen (ww)	gýdyti	['gʲi:dʲi:tʲɪ]
zorgen (zieken ~)	slaugýti	[slʲɑu'gʲi:tʲɪ]
ziekenzorg (de)	slaugà (m)	[slʲɑu'ga]

operatie (de)	operãcija (m)	[opʲɛ'ra:tsʲɪjɛ]
verbinden (een arm ~)	pérrišti	['pʲɛrrʲɪʃtʲɪ]
verband (het)	pérrišimas (v)	['pʲɛrrʲɪʃɪmas]

vaccin (het)	skiẽpas (v)	['skʲɛpas]
inenten (vaccineren)	skiẽpyti	['skʲɛpʲi:tʲɪ]
injectie (de)	įdūrimas (v)	[i:du:'rʲɪ:mas]
een injectie geven	suleísti vaistus	[su'lʲɛɪstʲɪ 'vʌɪstʊs]

aanval (de)	príepuolis (v)	['prʲiɛpʊɑlʲɪs]
amputatie (de)	amputãcija (m)	[ampʊ'ta:tsʲɪjɛ]
amputeren (ww)	amputúoti	[ampʊ'tʊɑtʲɪ]
coma (het)	komà (m)	[kɔ'ma]
in coma liggen	bū̃ti kõmoje	['bu:tʲɪ 'kõmojɛ]
intensieve zorg, ICU (de)	reanimãcija (m)	[rʲɛanʲɪ'ma:tsʲɪjɛ]

zich herstellen (ww)	sveĩkti ...	['svʲɛɪktʲɪ ...]
toestand (de)	bū̃klė (m)	['bu:klʲe:]
bewustzijn (het)	sąmonė (m)	['sa:monʲe:]
geheugen (het)	atmintìs (m)	[atmʲɪn'tʲɪs]

trekken (een kies ~)	šãlinti	['ʃa:lʲɪntʲɪ]
vulling (de)	plòmba (m)	['plʲomba]
vullen (ww)	plombúoti	[plʲom'bʊɑtʲɪ]

hypnose (de)	hipnózė (m)	[ɣʲɪp'nozʲe:]
hypnotiseren (ww)	hipnotizúoti	[ɣʲɪpnotʲɪ'zʊɑtʲɪ]

67. Geneeskunde. Medicijnen. Accessoires

geneesmiddel (het)	váistas (v)	['vʌɪstas]
middel (het)	príemonė (m)	['prʲiɛmonʲe:]
voorschrijven (ww)	išrašýti	[ɪʃra'ʃʲi:tʲɪ]
recept (het)	recèptas (v)	[rʲɛ'tsʲɛptas]

tablet (de/het)	tablètė (m)	[tab'lʲɛtʲe:]
zalf (de)	tẽpalas (v)	['tʲæpalʲas]
ampul (de)	ámpulė (m)	['ampʊlʲe:]
drank (de)	mikstūrà (m)	[mʲɪkstu:'ra]
siroop (de)	sìrupas (v)	['sʲɪrupas]

| pil (de) | piliulė (m) | [pʲɪˈlʲʊlʲeː] |
| poeder (de/het) | miltėliai (v dgs) | [mʲɪlʲˈtʲælʲɛɪ] |

verband (het)	bintas (v)	[ˈbʲɪntas]
watten (mv.)	vata (m)	[vaˈta]
jodium (het)	jodas (v)	[jɔ das]

pleister (de)	pleistras (v)	[ˈplʲɛɪstras]
pipet (de)	pipetė (m)	[pʲɪˈpʲɛtʲeː]
thermometer (de)	termometras (v)	[tʲɛrmoˈmʲɛtras]
spuit (de)	švirkštas (v)	[ˈʃvʲɪrkʃtas]

| rolstoel (de) | neįgaliojo vežimėlis (v) | [nʲɛɪːgaˈlʲɔjo vʲɛˈʒʲɪmʲeːlʲɪs] |
| krukken (mv.) | ramentai (v dgs) | [raˈmʲɛntʌɪ] |

pijnstiller (de)	skausmą malšinantys vaistai (v dgs)	[ˈskɑʊsma: malʲˈʃɪnantʲiːs ˈvʌɪstʌɪ]
laxeermiddel (het)	laisvinantys vaistai (v dgs)	[ˈlʲʌɪsvʲɪnantʲiːs ˈvʌɪstʌɪ]
spiritus (de)	spiritas (v)	[ˈspʲɪrʲɪtas]
medicinale kruiden (mv.)	žolė (m)	[ʒoˈlʲeː]
kruiden- (abn)	žolinis	[ʒoˈlʲɪnʲɪs]

APPARTEMENT

68. Appartement

appartement (het)	butas (v)	['bʊtas]
kamer (de)	kambarỹs (v)	[kamba'rʲiːs]
slaapkamer (de)	miegamàsis (v)	[mʲiɛga'masʲɪs]
eetkamer (de)	valgomàsis (v)	[valʲgo'masʲɪs]
salon (de)	svečių̃ kambarỹs (v)	[svʲɛ'tʂʲu: kamba'rʲiːs]
studeerkamer (de)	kabinètas (v)	[kabʲɪ'nʲɛtas]
gang (de)	príeškambaris (v)	['prʲiɛʃkambarʲɪs]
badkamer (de)	voniõs kambarỹs (v)	[vo'nʲoːs kamba'rʲiːs]
toilet (het)	tualètas (v)	[tʊa'lʲɛtas]
plafond (het)	lùbos (m dgs)	['lʲʊbos]
vloer (de)	griñdys (m dgs)	['grʲɪndʲiːs]
hoek (de)	kam̃pas (v)	['kampas]

69. Meubels. Interieur

meubels (mv.)	baldai (v)	['balʲdʌɪ]
tafel (de)	stãlas (v)	['staːlʲas]
stoel (de)	kėdė̃ (m)	[kʲeː'dʲeː]
bed (het)	lóva (m)	['lʲova]
bankstel (het)	sofà (m)	[so'fa]
fauteuil (de)	fòtelis (v)	['fotʲɛlʲɪs]
boekenkast (de)	spìnta (m)	['spʲɪnta]
boekenrek (het)	lentýna (m)	[lʲɛn'tʲiːna]
kledingkast (de)	drabùžių spìnta (m)	[dra'bʊʒʲu: 'spʲɪnta]
kapstok (de)	pakabà (m)	[paka'ba]
staande kapstok (de)	kabyklà (m)	[kabʲiːk'lʲa]
commode (de)	komodà (m)	[komo'da]
salontafeltje (het)	žurnãlinis staliùkas (v)	[ʒʊr'naːlʲɪnʲɪs sta'lʲʊkas]
spiegel (de)	véidrodis (v)	['vʲɛɪdrodʲɪs]
tapijt (het)	kìlimas (v)	['kʲɪlʲɪmas]
tapijtje (het)	kilimė̃lis (v)	[kʲɪlʲɪ'mʲeːlʲɪs]
haard (de)	žìdinỹs (v)	[ʒʲɪdʲɪ'nʲiːs]
kaars (de)	žvãkė (m)	['ʒva:kʲe:]
kandelaar (de)	žvakìdė (m)	[ʒva'kʲɪdʲeː]
gordijnen (mv.)	užúolaidos (m dgs)	[ʊ'ʒʊalʲʌɪdos]
behang (het)	tapėtai (v)	[ta'pʲɛtʌɪ]

jaloezie (de)	žaliuzės (m dgs)	[ˈʒaːlʲuzʲeːs]
bureaulamp (de)	stalinė lémpa (m)	[staˈlʲɪnʲeː ˈlʲɛmpa]
wandlamp (de)	šviestùvas (v)	[ʃvʲiɛˈstʊvas]
staande lamp (de)	toršèras (v)	[torˈʃɛras]
luchter (de)	sietýnas (v)	[sʲiɛˈtʲiːnas]

poot (ov. een tafel, enz.)	kojýtė (m)	[kɔˈjiːtʲeː]
armleuning (de)	rañktūris (v)	[ˈraŋktuːrʲɪs]
rugleuning (de)	ãtlošas (v)	[ˈaːtlʲoʃas]
la (de)	stálčius (v)	[ˈstalʲtʂʲʊs]

70. Beddengoed

beddengoed (het)	pãtalynė (m)	[ˈpaːtalʲiːnʲeː]
kussen (het)	pagálvė (m)	[paˈgalʲvʲeː]
kussenovertrek (de)	užvalkalas (v)	[ˈʊʒvalʲkalas]
deken (de)	užklótas (v)	[ʊʒˈklʲotas]
laken (het)	paklõdė (m)	[pakˈlʲoːdʲeː]
sprei (de)	lovãtiesė (m)	[lʲoˈvaːtʲiɛsʲeː]

71. Keuken

keuken (de)	virtùvė (m)	[vʲɪrˈtʊvʲeː]
gas (het)	dùjos (m dgs)	[ˈdujɔs]
gasfornuis (het)	dùjinė (m)	[ˈdujinʲeː]
elektrisch fornuis (het)	elektrìnė (m)	[ɛlʲɛkˈtrʲɪnʲeː]
oven (de)	órkaitė (m)	[ˈorkʌɪtʲeː]
magnetronoven (de)	mikrobangų krosnėlė (m)	[mʲɪkrobanˈgu: krosˈnʲælʲeː]

koelkast (de)	šaldytùvas (v)	[ʃalʲdʲiːˈtʊvas]
diepvriezer (de)	šáldymo kãmera (m)	[ˈʃalʲdʲiːmɔ ˈkaːmʲɛra]
vaatwasmachine (de)	iñdų plovìmo mašinà (m)	[ˈɪndu: plʲoˈvʲɪmɔ maʃɪˈna]

vleesmolen (de)	mėsmalė (m)	[ˈmʲeːsmalʲeː]
vruchtenpers (de)	sulčiãspaudė (m)	[sʊlʲˈtʂʲæspɑʊdʲeː]
toaster (de)	tòsteris (v)	[ˈtostʲɛrʲɪs]
mixer (de)	mìkseris (v)	[ˈmʲɪksʲɛrʲɪs]

koffiemachine (de)	kavõs aparãtas (v)	[kaˈvoːs apaˈraːtas]
koffiepot (de)	kavinùkas (v)	[kavʲɪˈnʊkas]
koffiemolen (de)	kavãmalė (m)	[kaˈvaːmalʲeː]

fluitketel (de)	arbatinùkas (v)	[arbatʲɪˈnʊkas]
theepot (de)	arbãtinis (v)	[arbaːˈtʲɪnʲɪs]
deksel (de/het)	dangtėlis (v)	[daŋkˈtʲælʲɪs]
theezeefje (het)	sietėlis (v)	[sʲiɛˈtʲælʲɪs]

lepel (de)	šáukštas (v)	[ˈʃɑʊkʃtas]
theelepeltje (het)	arbãtinis šaukštėlis (v)	[arˈbaːtʲɪnʲɪs ʃɑʊkʃˈtʲælʲɪs]
eetlepel (de)	válgomasis šáukštas (v)	[ˈvalʲgomasʲɪs ˈʃɑʊkʃtas]
vork (de)	šakùtė (m)	[ʃaˈkʊtʲeː]
mes (het)	peĩlis (v)	[ˈpʲɛɪlʲɪs]

vaatwerk (het)	iñdai (v)	['ɪndʌɪ]
bord (het)	lėkštė̃ (m)	[lʲe:kʃˈtʲe:]
schoteltje (het)	lėkštẽlė (m)	[lʲe:kʃˈtʲælʲe:]

likeurglas (het)	taurẽlė (m)	[tɑʊˈrʲælʲe:]
glas (het)	stiklìnė (m)	[stʲɪkˈlʲɪnʲe:]
kopje (het)	puodùkas (v)	[pʊɑˈdʊkas]

suikerpot (de)	cùkrinė (m)	['tsʊkrʲɪnʲe:]
zoutvat (het)	drùskinė (m)	['drʊskʲɪnʲe:]
pepervat (het)	pipìrinė (m)	[pʲɪ'pʲɪrʲɪnʲe:]
boterschaaltje (het)	svíestinė (m)	['svʲiɛstʲɪnʲe:]

steelpan (de)	púodas (v)	['pʊɑdas]
bakpan (de)	keptùvė (m)	[kʲɛp'tʊvʲe:]
pollepel (de)	sámtis (v)	['samtʲɪs]
vergiet (de/het)	kiaurãsamtis (v)	[kʲɛʊ'ra:samtʲɪs]
dienblad (het)	padė̃klas (v)	[pa'dʲe:klʲas]

fles (de)	bùtelis (v)	['bʊtʲɛlʲɪs]
glazen pot (de)	stiklaĩnis (v)	[stʲɪk'lʲʌɪnʲɪs]
blik (conserven~)	skardìnė (m)	[skar'dʲɪnʲe:]

flesopener (de)	atidarytùvas (v)	[atʲɪdarʲi:'tʊvas]
blikopener (de)	konsérvų atidarytùvas (v)	[kɔnˈsʲɛrvu: atʲɪdarʲi:'tʊvas]
kurkentrekker (de)	kamščiãtraukis (v)	[kamʃ'tʂʲætrɑʊkʲɪs]
filter (de/het)	fìltras (v)	['fʲɪlʲtras]
filteren (ww)	filtrúoti	[fʲɪlʲ'trʊɑtʲɪ]

huisvuil (het)	šiùkšlės (m dgs)	['ʃʊkʃlʲe:s]
vuilnisemmer (de)	šiùkšlių kìbiras (v)	['ʃʊkʃlʲu: 'kʲɪbʲɪras]

72. Badkamer

badkamer (de)	voniõs kambarỹs (v)	[vo'nʲo:s kamba'rʲi:s]
water (het)	vanduõ (v)	[van'dʊɑ]
kraan (de)	čiáupas (v)	['tʂʲæʊpas]
warm water (het)	kárštas vanduõ (v)	['karʃtas van'dʊɑ]
koud water (het)	šáltas vanduõ (v)	['ʃalʲtas van'dʊɑ]

tandpasta (de)	dantų̃ pastà (m)	[dan'tu: pas'ta]
tanden poetsen (ww)	valýti dantìs	[va'lʲi:tʲɪ dan'tʲɪs]
tandenborstel (de)	dantų̃ šepetė̃lis (v)	[dan'tu: ʃepe'tʲe:lʲɪs]

zich scheren (ww)	skùstis	['skʊstʲɪs]
scheercrème (de)	skutìmosi pùtos (m dgs)	[skʊ'tʲɪmosʲɪ 'pʊtos]
scheermes (het)	skutìmosi peiliùkas (v)	[skʊ'tʲɪmosʲɪ pʲɛɪ'lʲʊkas]

wassen (ww)	pláuti	['plʲɑʊtʲɪ]
een bad nemen	máudytis, praũstis	['mɑʊdʲi:tʲɪs], ['prɑʊstʲɪs]
douche (de)	dùšas (v)	['dʊʃas]
een douche nemen	praũstis dušè	['prɑʊstʲɪs dʊ'ʃɛ]
bad (het)	vonià (m)	[vo'nʲæ]
toiletpot (de)	unitãzas (v)	[ʊnʲɪ'ta:zas]

wastafel (de)	kriauklė (m)	[krʲɛʊk'lʲe:]
zeep (de)	muilas (v)	['mʊɪlʲas]
zeepbakje (het)	muilinė (m)	['mʊɪlʲɪnʲe:]

spons (de)	kempinė (m)	[kʲɛm'pʲɪnʲe:]
shampoo (de)	šampūnas (v)	[ʃam'pu:nas]
handdoek (de)	rankšluostis (v)	['raŋkʃlʲʊɒstʲɪs]
badjas (de)	chalātas (v)	[xa'lʲa:tas]

was (bijv. handwas)	skalbimas (v)	[skalʲ'bʲɪmas]
wasmachine (de)	skalbimo mašina (m)	[skalʲ'bʲɪmɔ maʃɪ'na]
de was doen	skalbti baltinius	['skʌlʲptʲɪ 'ba lʲtʲɪnʲʊs]
waspoeder (de)	skalbimo milteliai (v dgs)	[skalʲ'bʲɪmɔ mʲɪlʲ'tʲælʲɛɪ]

73. Huishoudelijke apparaten

televisie (de)	televizorius (v)	[tʲɛlʲɛ'vʲɪzorʲʊs]
cassettespeler (de)	magnetofonas (v)	[magnʲɛto'fonas]
videorecorder (de)	video magnetofonas (v)	[vʲɪdʲɛɔ magnʲɛto'fonas]
radio (de)	imtuvas (v)	[ɪm'tʊvas]
speler (de)	grotuvas (v)	[gro'tʊvas]

videoprojector (de)	video projektorius (v)	['vʲɪdʲɛɔ pro'jæktorʲʊs]
home theater systeem (het)	namų kino teātras (v)	[na'mu: 'kʲɪnɔ tʲɛ'a:tras]
DVD-speler (de)	DVD grotuvas (v)	[dʲɪvʲɪ'dʲɪ gro'tʊvas]
versterker (de)	stiprintuvas (v)	[stʲɪprʲɪn'tʊvas]
spelconsole (de)	žaidimų priedėlis (v)	[ʒʌɪ'dʲɪmu: 'prʲiɛdʲe:lʲɪs]

videocamera (de)	videokāmera (m)	[vʲɪdʲɛɔ'ka:mʲɛra]
fotocamera (de)	fotoaparātas (v)	[fotoapa'ra:tas]
digitale camera (de)	skaitmenįnis fotoaparātas (v)	[skʌɪtmʲɛ'nʲɪnʲɪs fotoapa'ra:tas]

stofzuiger (de)	dulkių siurblys (v)	['dʊlʲkʲu: sʲʊr'blʲi:s]
strijkijzer (het)	lygintuvas (v)	[lʲi:gʲɪn'tʊvas]
strijkplank (de)	lyginimo lenta (m)	['lʲi:gʲɪnʲɪmɔ lʲɛn'ta]

telefoon (de)	telefonas (v)	[tʲɛlʲɛ'fonas]
mobieltje (het)	mobilusis telefonas (v)	[mob'ɪ'lʊsʲɪs tʲɛlʲɛ'fonas]
schrijfmachine (de)	rāšymo mašinėlė (m)	['ra:ʃɪ:mɔ maʃɪ'nʲe:lʲe:]
naaimachine (de)	siuvimo mašina (m)	[sʲʊ'vʲɪmɔ maʃɪ'na]

microfoon (de)	mikrofonas (v)	[mʲɪkro'fonas]
koptelefoon (de)	ausinės (m dgs)	[ɑʊ'sʲɪnʲe:s]
afstandsbediening (de)	pultas (v)	['pʊlʲtas]

CD (de)	kompāktinis diskas (v)	[kɔm'pa:ktʲɪnʲɪs 'dʲɪskas]
cassette (de)	kasetė (m)	[ka'sʲɛtʲe:]
vinylplaat (de)	plokštēlė (m)	[plokʃ'tʲælʲe:]

DE AARDE. WEER

74. De kosmische ruimte

kosmos (de)	kòsmosas (v)	['kosmosas]
kosmisch (bn)	kòsminis	['kosmʲɪnʲɪs]
kosmische ruimte (de)	kòsminė erdvě (m)	['kosmʲɪnʲe: ɛrd'vʲe:]
wereld (de)	visatà (m)	[vʲɪsa'ta]
heelal (het)	pasáulis (v)	[pa'sɑʊlʲɪs]
sterrenstelsel (het)	galāktika (m)	[ga'lʲa:ktʲɪka]
ster (de)	žvaigždě (m)	[ʒvʌɪg'ʒdʲe:]
sterrenbeeld (het)	žvaigždýnas (v)	[ʒvʌɪgʒ'dʲi:nas]
planeet (de)	planetà (m)	[plʲanʲɛ'ta]
satelliet (de)	palydõvas (v)	[palʲi:'do:vas]
meteoriet (de)	meteorìtas (v)	[mʲɛtʲɛo'rʲɪtas]
komeet (de)	kometà (m)	[kɔmʲɛ'ta]
asteroïde (de)	asteròidas (v)	[astʲɛ'rɔɪdas]
baan (de)	orbità (m)	[orbʲɪ'ta]
draaien (om de zon, enz.)	sùktis	['sʊktʲɪs]
atmosfeer (de)	atmosferà (m)	[atmosfʲɛ'ra]
Zon (de)	Sáulė (m)	['sɑʊlʲe:]
zonnestelsel (het)	Sáulės sistemà (m)	['sɑʊlʲe:s sʲɪste'ma]
zonsverduistering (de)	Sáulės užtemìmas (v)	['sɑʊlʲe:s ʊʒtʲɛ'mʲɪmas]
Aarde (de)	Žěmė (m)	['ʒʲæmʲe:]
Maan (de)	Měnùlis (v)	[mʲe:'nʊlʲɪs]
Mars (de)	Mársas (v)	['marsas]
Venus (de)	Venerà (m)	[vʲɛnʲɛ'ra]
Jupiter (de)	Jupìteris (v)	[jʊ'pʲɪtʲɛrʲɪs]
Saturnus (de)	Satùrnas (v)	[sa'tʊrnas]
Mercurius (de)	Merkùrijus (v)	[mʲɛr'kʊrʲɪjʊs]
Uranus (de)	Urãnas (v)	[ʊ'ra:nas]
Neptunus (de)	Neptūnas (v)	[nʲɛp'tu:nas]
Pluto (de)	Plutònas (v)	[plʲʊ'tonas]
Melkweg (de)	Paūkščių Tãkas (v)	['pɑʊkʃʦʲu: 'ta:kas]
Grote Beer (de)	Didíeji Grìžulo Rãtai (v dgs)	[dʲɪ'dʲiɛjɪ 'grʲɪːʒʊlʲɔ 'ra:tʌɪ]
Poolster (de)	Šiaurìnė žvaigždě (m)	[ʃɛʊ'rʲɪnʲe: ʒvʌɪg'ʒdʲe:]
marsmannetje (het)	marsiètis (v)	[mar'sʲɛtʲɪs]
buitenaards wezen (het)	ateìvis (v)	[a'tʲɛɪvʲɪs]
bovenaards (het)	ateìvis (v)	[a'tʲɛɪvʲɪs]

vliegende schotel (de)	skraidanti lėkštė (m)	['skrʌɪdantʲɪ lʲe:kʃʲtʲe:]
ruimtevaartuig (het)	kosminis laivas (v)	['kosmʲɪnʲɪs 'lʲʌɪvas]
ruimtestation (het)	orbitos stotis (m)	[or'bʲɪtos sto'tʲɪs]
start (de)	startas (v)	['startas]

motor (de)	variklis (v)	[va'rʲɪklʲɪs]
straalpijp (de)	tūta (m)	[tu:'ta]
brandstof (de)	kuras (v)	['kʊras]

| cabine (de) | kabina (m) | [kabʲɪ'na] |
| antenne (de) | antena (m) | [antʲɛ'na] |

patrijspoort (de)	iliuminatorius (v)	[ɪlʲʊmʲɪ'ɪ'na:torʲʊs]
zonnebatterij (de)	saulės baterija (m)	['saʊlʲe:s ba'tʲɛrʲɪjɛ]
ruimtepak (het)	skafandras (v)	[ska'fandras]

| gewichtloosheid (de) | nesvarumas (v) | [nʲɛsva'rumas] |
| zuurstof (de) | deguonis (v) | [dʲɛ'gʊɑnʲɪs] |

| koppeling (de) | susijungimas (v) | [sʊsʲɪjʊn'gʲɪmas] |
| koppeling maken | susijungti | [sʊsʲɪ'jʊŋktʲɪ] |

| observatorium (het) | observatorija (m) | [obsʲɛrva'torʲɪjɛ] |
| telescoop (de) | teleskopas (v) | [tʲɛlʲɛ'skopas] |

| waarnemen (ww) | stebėti | [ste'bʲe:tʲɪ] |
| exploreren (ww) | tyrinėti | [tʲi:rʲɪ'nʲe:tʲɪ] |

75. De Aarde

Aarde (de)	Žemė (m)	['ʒʲæmʲe:]
aardbol (de)	žemės rutulys (v)	['ʒʲæmʲe:s rʊtʊ'lʲi:s]
planeet (de)	planeta (m)	[plʲanʲɛ'ta]

atmosfeer (de)	atmosfera (m)	[atmosfʲɛ'ra]
aardrijkskunde (de)	geografija (m)	[gʲɛo'gra:fʲɪjɛ]
natuur (de)	gamta (m)	[gam'ta]

wereldbol (de)	gaublys (v)	[gaʊb'lʲi:s]
kaart (de)	žemėlapis (v)	[ʒe'mʲe:lʲapʲɪs]
atlas (de)	atlasas (v)	['a:tlʲasas]

| Europa (het) | Europa (m) | [ɛʊro'pa] |
| Azië (het) | azija (m) | ['a:zʲɪjɛ] |

| Afrika (het) | afrika (m) | ['a:frʲɪka] |
| Australië (het) | Australija (m) | [aʊs'tra:lʲɪjɛ] |

Amerika (het)	Amerika (m)	[a'mʲɛrʲɪka]
Noord-Amerika (het)	Šiaurės Amerika (m)	['ʃæʊrʲe:s a'mʲɛrʲɪka]
Zuid-Amerika (het)	Pietų Amerika (m)	[pʲɛ'tu: a'mʲɛrʲɪka]

| Antarctica (het) | Antarktida (m) | [antarktʲɪ'da] |
| Arctis (de) | Arktika (m) | ['arktʲɪka] |

76. Windrichtingen

noorden (het)	šiáurė (m)	['ʃæurʲe:]
naar het noorden	į̃ šiáurę	[i: 'ʃæurʲɛ:]
in het noorden	šiáurėje	['ʃæurʲe:je]
noordelijk (bn)	šiaurìnis	[ʃɛu'rʲɪnʲɪs]

zuiden (het)	pietùs (v)	[pʲiɛ'tʊs]
naar het zuiden	į̃ pietùs	[i: pʲiɛ'tʊs]
in het zuiden	pietuosè	[pʲiɛtʊɑ'sʲɛ]
zuidelijk (bn)	pietìnis	[pʲiɛ'tʲɪnʲɪs]

westen (het)	vakara͂i (v dgs)	[vaka'rʌɪ]
naar het westen	į̃ vãkarus	[i: 'va:karʊs]
in het westen	vakaruosè	[vakarʊɑ'sʲɛ]
westelijk (bn)	vakariẽtiškas	[vaka'rʲɛtʲɪʃkas]

oosten (het)	ryta͂i (v dgs)	[rʲi:'tʌɪ]
naar het oosten	į̃ rýtus	[i: 'rʲɪ:tʊs]
in het oosten	rytuosè	[rʲi:tʊɑ'sʲɛ]
oostelijk (bn)	rytiẽtiškas	[rʲi:'tʲɛtʲɪʃkas]

77. Zee. Oceaan

zee (de)	jū́ra (m)	['ju:ra]
oceaan (de)	vandenýnas (v)	[vandʲɛ'nʲi:nas]
golf (baai)	į́lanka (m)	['i:lʲaŋka]
straat (de)	sąsiauris (v)	['sa:sʲɛurʲɪs]

continent (het)	žemýnas (v)	[ʒʲɛ'mʲi:nas]
eiland (het)	salà (m)	[sa'lʲa]
schiereiland (het)	pusiãsalis (v)	[pʊ'sʲæsalʲɪs]
archipel (de)	archipelãgas (v)	[arxʲɪpʲɛ'lʲa:gas]

baai, bocht (de)	užùtekis (v)	[ʊʒutʲɛkʲɪs]
haven (de)	úostas (v)	['ʊɑstas]
lagune (de)	lagūnà (m)	[lʲagu:'na]
kaap (de)	iškyšulỹs (v)	[ɪʃkʲi:ʃʊ'lʲi:s]

atol (de)	atólas (v)	[a'tolʲas]
rif (het)	rìfas (v)	['rʲɪfas]
koraal (het)	korãlas (v)	[kɔ'ra:lʲas]
koraalrif (het)	korãlų rìfas (v)	[kɔ'ra:lʲu: 'rʲɪfas]

diep (bn)	gilùs	[gʲɪ'lʲʊs]
diepte (de)	gỹlis (v)	['gʲi:lʲɪs]
diepzee (de)	bedùgnė (m)	[bʲɛ'dʊgnʲe:]
trog (bijv. Marianentrog)	į́duba (m)	['i:dʊba]

stroming (de)	srově̃ (m)	[sro'vʲe:]
omspoelen (ww)	skaláuti	[ska'lʲɑutʲɪ]
oever (de)	pajū́ris (v)	['paju:rʲɪs]
kust (de)	pakrántė (m)	[pak'rantʲe:]

vloed (de)	añtplūdis (v)	['antplʲu:dʲɪs]
eb (de)	atóslūgis (v)	[a'toslʲu:gʲɪs]
ondiepte (ondiep water)	atābradas (v)	[a'ta:bradas]
bodem (de)	dùgnas (v)	['dʊgnas]

golf (hoge ~)	bangà (m)	[ban'ga]
golfkam (de)	bangõs keterà (m)	[ban'go:s kʲɛtʲɛ'ra]
schuim (het)	pùtos (m dgs)	['pʊtos]

orkaan (de)	uragānas (v)	[ʊra'ga:nas]
tsunami (de)	cunāmis (v)	[tsʊ'na:mʲɪs]
windstilte (de)	štiliùs (v)	[ʃtʲɪ'lʲʊs]
kalm (bijv. ~e zee)	ramùs	[ra'mʊs]

| pool (de) | ašìgalis (v) | [a'ʃɪgalʲɪs] |
| polair (bn) | poliārinis | [po'lʲærʲɪnʲɪs] |

breedtegraad (de)	platumà (m)	[plʲatʊ'ma]
lengtegraad (de)	ilgumà (m)	[ɪlʲgʊ'ma]
parallel (de)	paralèlė (m)	[para'lʲɛlʲe:]
evenaar (de)	ekvātorius (v)	[ɛk'va:torʲʊs]

hemel (de)	dangùs (v)	[dan'gʊs]
horizon (de)	horizòntas (v)	[ɣorʲɪ'zontas]
lucht (de)	óras (v)	['oras]

vuurtoren (de)	švyturỹs (v)	[ʃvʲi:tʊ'rʲi:s]
duiken (ww)	nardyti	['nardʲi:tʲɪ]
zinken (ov. een boot)	nuskęsti	[nʊ'skʲɛ:stʲɪ]
schatten (mv.)	lõbis (v)	['lʲo:bʲɪs]

78. Namen van zeeën en oceanen

Atlantische Oceaan (de)	Atlánto vandenýnas (v)	[at'lʲanto vandʲɛ'nʲi:nas]
Indische Oceaan (de)	Ìndijos vandenýnas (v)	['ɪndʲɪjos vandʲɛ'nʲi:nas]
Stille Oceaan (de)	Ramùsis vandenýnas (v)	[ra'mʊsʲɪs vandʲɛ'nʲi:nas]
Noordelijke IJszee (de)	Árkties vandenýnas (v)	['arktʲlɛs vandʲɛ'nʲi:nas]

Zwarte Zee (de)	Juodóji jūra (m)	[jʊɑ'do:jɪ 'ju:ra]
Rode Zee (de)	Raudonóji jūra (m)	[rɑʊdo'no:jɪ 'ju:ra]
Gele Zee (de)	Geltonóji jūra (m)	[gʲɛlʲto'no:jɪ 'ju:ra]
Witte Zee (de)	Baltóji jūra (m)	[balʲ'to:jɪ 'ju:ra]

Kaspische Zee (de)	Kāspijos jūra (m)	['ka:spʲɪjos 'ju:ra]
Dode Zee (de)	Negyvóji jūra (m)	[nʲɛgʲi:'vo:jɪ 'ju:ra]
Middellandse Zee (de)	Vidùržemio jūra (m)	[vʲɪ'dʊrʒʲɛmʲo 'ju:ra]

| Egeïsche Zee (de) | Egėjo jūra (m) | [ɛ'gʲæjo 'ju:ra] |
| Adriatische Zee (de) | ādrijos jūra (m) | ['a:drʲɪjos 'ju:ra] |

Arabische Zee (de)	Arābijos jūra (m)	[a'rabʲɪjos 'ju:ra]
Japanse Zee (de)	Japònijos jūra (m)	[ja'ponʲɪjos ju:ra]
Beringzee (de)	Beringo jūra (m)	['bʲɛrʲɪngo 'ju:ra]
Zuid-Chinese Zee (de)	Pietų̃ Kìnijos jūra (m)	[pʲiɛ'tu: 'kʲɪnʲɪjos 'ju:ra]

Koraalzee (de)	Korālῳ jū́ra (m)	[kɔ'ra:lʲu: 'ju:ra]
Tasmanzee (de)	Tasmānῳ jū́ra (m)	[tas'manu: 'ju:ra]
Caribische Zee (de)	Karibῳ jū́ra (m)	[ka'rʲɪbu: 'ju:ra]

| Barentszzee (de) | Bārenco jū́ra (m) | [barʲɛntsɔ 'ju:ra] |
| Karische Zee (de) | Kārsko jū́ra (m) | ['karskɔ 'ju:ra] |

Noordzee (de)	Šiáurės jū́ra (m)	['ʃæʊrʲe:s 'ju:ra]
Baltische Zee (de)	Báltijos jū́ra (m)	['balʲtʲɪjɔs 'ju:ra]
Noorse Zee (de)	Norvégijos jū́ra (m)	[nor'vʲɛgʲɪjɔs 'ju:ra]

79. Bergen

berg (de)	kálnas (v)	['kalʲnas]
bergketen (de)	kalnῴ virtinė (m)	[kalʲ'nu: vʲɪrtʲɪnʲe:]
gebergte (het)	kalnãgūbris (v)	[kalʲ'na:gu:brʲɪs]

bergtop (de)	viršū́nė (m)	[vʲɪrʃu:nʲe:]
bergpiek (de)	pȉkas (v)	['pʲɪkas]
voet (ov. de berg)	papédė (m)	[pa'pʲe:dʲe:]
helling (de)	núokalnė (m)	['nʊɑkalʲnʲe:]

vulkaan (de)	ugnìkalnis (v)	[ʊg'nʲɪkalʲnʲɪs]
actieve vulkaan (de)	veĩkiantis ugnìkalnis (v)	['vʲɛɪkʲæntʲɪs ʊg'nʲɪkalʲnʲɪs]
uitgedoofde vulkaan (de)	užgèsῳs ugnìkalnis (v)	[ʊʒ'gʲæsʲɛ:s ʊg'nʲɪkalʲnʲɪs]

uitbarsting (de)	išsivéržimas (v)	[ɪʃsʲɪvʲɛr'ʒʲɪmas]
krater (de)	krāteris (v)	['kra:tʲɛrʲɪs]
magma (het)	magmà (m)	[mag'ma]
lava (de)	lavà (m)	[lʲa'va]
gloeiend (~e lava)	įkaĩtῳs	[i:'kʌɪtʲɛ:s]

kloof (canyon)	kanjònas (v)	[ka'njɔ nas]
bergkloof (de)	tarpùkalnė (m)	[tar'pʊkalʲnʲe:]
spleet (de)	tarpẽklis (m)	[tar'pʲæklʲɪs]

bergpas (de)	kalnãkelis (m)	[kalʲ'nakʲɛlʲɪs]
plateau (het)	gulstẽ (m)	[gʊlʲ'stʲe:]
klip (de)	uolà (m)	[ʊɑ'lʲa]
heuvel (de)	kalvà (m)	[kalʲ'va]

gletsjer (de)	ledýnas (v)	[lʲɛ'dʲi:nas]
waterval (de)	krioklỹs (v)	[krʲok'lʲi:s]
geiser (de)	geĩzeris (v)	['gʲɛɪzʲɛrʲɪs]
meer (het)	ẽžeras (v)	['ɛʒʲɛras]

vlakte (de)	lygumà (m)	[lʲi:gʊ'ma]
landschap (het)	peizãžas (v)	[pʲɛɪ'za:ʒas]
echo (de)	áidas (v)	['ʌɪdas]

alpinist (de)	alpinìstas (v)	[alʲpʲɪ'nʲɪstas]
bergbeklimmer (de)	uolakopỹs (v)	[ʊɑlʲako'pʲi:s]
trotseren (berg ~)	pavérgti	[pa'vʲɛrktʲɪ]
beklimming (de)	kopìmas (v)	[kɔ'pʲɪmas]

80. Bergen namen

Alpen (de)	Álpės (m dgs)	['alʲpʲeːs]
Mont Blanc (de)	Monblãnas (v)	[mon'blʲaːnas]
Pyreneeën (de)	Pirénai (v)	[pʲɪ'rʲeːnʌɪ]

Karpaten (de)	Karpãtai (v dgs)	[kar'paːtʌɪ]
Oeralgebergte (het)	Urãlo kalnaĩ (v dgs)	[ʊ'raːlɔ kalʲʲʲnʌɪ]
Kaukasus (de)	Kaukãzas (v)	[kɑʊ'kaːzas]
Elbroes (de)	Elbrūsas (v)	[ɛlʲʲbrʊsas]

Altaj (de)	Altãjus (v)	[alʲʲtaːjʊs]
Tiensjan (de)	Tian Šãnis (v)	[tʲæn 'ʃaːnʲɪs]
Pamir (de)	Pamỹras (v)	[pa'mʲiːras]
Himalaya (de)	Himalãjai (v dgs)	[ɣʲɪma'lʲaːjʌɪ]
Everest (de)	Everèstas (v)	[ɛvʲɛ'rʲɛstas]

| Andes (de) | Añdai (v) | ['andʌɪ] |
| Kilimanjaro (de) | Kilimandžãras (v) | [kʲɪlʲɪman'dʒaːras] |

81. Rivieren

rivier (de)	ùpė (m)	['ʊpʲeː]
bron (~ van een rivier)	šaltìnis (v)	[ʃalʲ'tʲɪnʲɪs]
rivierbedding (de)	vagà (m)	[va'ga]
rivierbekken (het)	baseĩnas (v)	[ba'sʲɛɪnas]
uitmonden in …	įtekéti į̃ …	[iːtʲɛ'kʲeːtʲɪ iː ..]

| zijrivier (de) | añtplūdis (v) | ['antplʲuːdʲɪs] |
| oever (de) | krañtas (v) | ['krantas] |

stroming (de)	srově (m)	[sro'vʲeː]
stroomafwaarts (bw)	pasroviuĩ	[pasro'vʲʊɪ]
stroomopwaarts (bw)	priẽš srõvę	['prʲɛʃ 'sro:vʲɛ]

overstroming (de)	pótvynis (v)	['potvʲiːnʲɪs]
overstroming (de)	póplūdis (v)	['poplʲuːdʲɪs]
buiten zijn oevers treden	išsilíeti	[ɪʃsʲɪ'lʲiɛtʲɪ]
overstromen (ww)	tvìndyti	['tvʲɪndʲiːtʲɪ]

| zandbank (de) | seklumà (m) | [sʲɛklʲʊ'ma] |
| stroomversnelling (de) | sleñkstis (v) | ['slʲɛŋkstʲɪs] |

dam (de)	ùžtvanka (m)	['ʊʒtvaŋka]
kanaal (het)	kanãlas (v)	[ka'naːlʲas]
spaarbekken (het)	vandeñs saugyklà (m)	[van'dʲɛns sɑʊgʲɪ:k'lʲa]
sluis (de)	šliũzas (v)	['ʃlʲʊzas]

waterlichaam (het)	vandeñs telkinỹs (v)	[van'dʲɛns tʲɛlʲkʲɪ'nʲiːs]
moeras (het)	pélkė (m)	['pʲɛlʲkʲeː]
broek (het)	liũnas (v)	['lʲuːnas]
draaikolk (de)	verpêtas (v)	[vʲɛr'pʲætas]
stroom (de)	upēlis (v)	[ʊ'pʲælʲʲɪs]

| drink- (abn) | gėriamas | ['gʲærʲæmas] |
| zoet (~ water) | gėlas | ['gʲe:lʲas] |

| IJs (het) | lēdas (v) | ['lʲædas] |
| bevriezen (rivier, enz.) | užšálti | [ʊʒ'ʃalʲtʲɪ] |

82. Namen van rivieren

| Seine (de) | Sena (m) | [sʲɛ'na] |
| Loire (de) | Luarà (m) | [lʲʊa'ra] |

Theems (de)	Tem̃zė (m)	['tʲɛmzʲe:]
Rijn (de)	Reinas (v)	['rʲɛɪnas]
Donau (de)	Dunõjus (v)	[dʊ'no:jʊs]

Wolga (de)	Vòlga (m)	['volʲga]
Don (de)	Dònas (v)	['donas]
Lena (de)	Lenà (m)	[lʲɛ'na]

Gele Rivier (de)	Geltonóji ùpė (m)	[gʲɛlʲto'no:jɪ 'ʊpʲe:]
Blauwe Rivier (de)	Jangdzė̃ (m)	[jang'dzʲe:]
Mekong (de)	Mekòngas (v)	[mʲɛ'kongas]
Ganges (de)	Gángas (v)	['gangas]

Nijl (de)	Nìlas (v)	['nʲɪlʲas]
Kongo (de)	Kòngas (v)	['kongas]
Okavango (de)	Okavángas (v)	[oka'va ngas]
Zambezi (de)	Zambėzė̃ (m)	[zam'bʲɛzʲe:]
Limpopo (de)	Limpopò (v)	[lʲɪmpo'po]
Mississippi (de)	Misisipė̃ (m)	[mʲɪsʲɪ'sʲɪpʲe:]

83. Bos

| bos (het) | mìškas (v) | ['mʲɪʃkas] |
| bos- (abn) | miškìnis | [mʲɪʃ'kʲɪnʲɪs] |

oerwoud (dicht bos)	tankumýnas (v)	[taŋkʊ'mʲiː:nas]
bosje (klein bos)	giráitė (m)	[gʲɪ'rʌɪtʲe:]
open plek (de)	laukas (v)	['lʲaukas]

| struikgewas (het) | žolýnas, beržýnas (v) | [ʒo'lʲi:nas], [bʲɛr'ʒʲi:nas] |
| struiken (mv.) | krūmýnas (v) | [kru:'mʲi:nas] |

| paadje (het) | takẽlis (v) | [ta'kʲælʲɪs] |
| ravijn (het) | griovỹs (v) | [grʲo'vʲi:s] |

boom (de)	mēdis (v)	['mʲædʲɪs]
blad (het)	lãpas (v)	['lʲa:pas]
gebladerte (het)	lapijà (m)	[lʲapʲɪ'ja]

| vallende bladeren (mv.) | lãpų kritìmas (v) | ['lʲa:pu: krʲɪ'tʲɪmas] |
| vallen (ov. de bladeren) | krìsti | ['krʲɪstʲɪ] |

boomtop (de)	viršūnė (m)	[vⁱɪr'ʃuːnⁱeː]
tak (de)	šaka (m)	[ʃa'ka]
ent (de)	šaka (m)	[ʃa'ka]
knop (de)	pumpuras (v)	['pumpʊras]
naald (de)	spyglŷs (v)	[spⁱiːg'lⁱiːs]
dennenappel (de)	kankorėžis (v)	[kaŋ'korⁱeːʒⁱɪs]

boom holte (de)	úoksas (v)	['ʊɑksas]
nest (het)	lizdas (v)	['lⁱɪzdas]
hol (het)	ola (m)	[o'lⁱa]

stam (de)	kamíenas (v)	[ka'mⁱiɛnas]
wortel (bijv. boom~s)	šaknis (m)	[ʃak'nⁱɪs]
schors (de)	žievė (m)	[ʒⁱiɛ'vⁱeː]
mos (het)	sāmana (m)	['saːmana]

ontwortelen (een boom)	ráuti	['rɑʊtⁱɪ]
kappen (een boom ~)	kírsti	['kⁱɪrstⁱɪ]
ontbossen (ww)	iškirsti	[ɪʃkⁱɪrstⁱɪ]
stronk (de)	kélmas (v)	['kⁱɛlⁱmas]

kampvuur (het)	láužas (v)	['lⁱɑʊʒas]
bosbrand (de)	gaisras (v)	['gʌɪsras]
blussen (ww)	gesinti	[gⁱɛ's'ɪntⁱɪ]

boswachter (de)	miškininkas (v)	['mⁱɪʃkⁱɪnⁱɪŋkas]
bescherming (de)	apsauga (m)	[apsɑʊ'ga]
beschermen (bijv. de natuur ~)	sáugoti	['sɑʊgotⁱɪ]

| stroper (de) | brakoniērius (v) | [brako'nⁱɛrⁱʊs] |
| val (de) | spąstai (v dgs) | ['spaːstʌɪ] |

plukken (paddestoelen ~)	grybáuti	[grⁱiː'bɑʊtⁱɪ]
plukken (bessen ~)	uogáuti	[ʊɑ'gɑʊtⁱɪ]
verdwalen (de weg kwijt zijn)	pasiklŷsti	[pasⁱɪ'klⁱiːstⁱɪ]

84. Natuurlijke hulpbronnen

natuurlijke rijkdommen (mv.)	gamtiniai ištekliai (v dgs)	[gam'tⁱɪnⁱɛɪ 'ɪʃtⁱɛklⁱɛɪ]
delfstoffen (mv.)	naudingos iškasenos (m dgs)	[nɑʊ'dⁱɪngos 'ɪʃkasⁱɛnos]
lagen (mv.)	telkiniai (v dgs)	[tⁱɛlⁱkⁱɪ'nⁱɛɪ]
veld (bijv. olie~)	telkinŷs (v)	[tⁱɛlⁱkⁱɪ'nⁱiːs]

winnen (uit erts ~)	iškasti	[ɪʃ'kastⁱɪ]
winning (de)	laimikis (v)	[lⁱʌɪ'mⁱɪkⁱɪs]
erts (het)	rūda (m)	[ru:'da]
mijn (bijv. kolenmijn)	rūdŷnas (v)	[ru:'dⁱiːnas]
mijnschacht (de)	šachta (m)	[ʃax'ta]
mijnwerker (de)	šáchtininkas (v)	['ʃa:xtⁱɪnⁱɪŋkas]

gas (het)	dujos (m dgs)	['dujos]
gasleiding (de)	dujótiekis (v)	[du'jotⁱiɛkⁱɪs]
olie (aardolie)	nafta (m)	[naf'ta]
olieleiding (de)	naftótiekis (v)	[naftotⁱiɛkⁱɪs]

oliebron (de)	naftos bókštas (v)	['na:ftos 'bokʃtas]
boortoren (de)	gręžimo bókštas (v)	['grʲɛ:ʒʲɪmɔ 'bokʃtas]
tanker (de)	tánklaivis (v)	['taŋklʲʌɪvʲɪs]

zand (het)	smėlis (v)	['smʲe:lʲɪs]
kalksteen (de)	kálkinis akmuõ (v)	['kalʲkʲɪnʲɪs ak'mʊa]
grind (het)	žvýras (v)	['ʒvʲi:ras]
veen (het)	durpės (m dgs)	['dʊrpʲe:s]
klei (de)	mólis (v)	['molʲɪs]
steenkool (de)	anglìs (m)	[ang'lʲɪs]

IJzer (het)	geležìs (v)	[gʲɛlʲɛ'ʒʲɪs]
goud (het)	áuksas (v)	['ɑuksas]
zilver (het)	sidãbras (v)	[sʲɪ'da:bras]
nikkel (het)	nìkelis (v)	['nʲɪkʲɛlʲɪs]
koper (het)	vãris (v)	['va:rʲɪs]

zink (het)	cìnkas (v)	['tsʲɪŋkas]
mangaan (het)	mangãnas (v)	[man'ga:nas]
kwik (het)	gývsidabris (v)	['gʲi:vsʲɪdabrʲɪs]
lood (het)	švìnas (v)	['ʃvʲɪnas]

mineraal (het)	minerãlas (v)	[mʲɪnʲɛ'ra:lʲas]
kristal (het)	kristãlas (v)	[krʲɪs'ta:lʲas]
marmer (het)	mármuras (v)	['marmʊras]
uraan (het)	urãnas (v)	[ʊ'ra:nas]

85. Weer

weer (het)	óras (v)	['oras]
weersvoorspelling (de)	óro prognòzė (m)	['orɔ prog'nozʲe:]
temperatuur (de)	temperatūrà (m)	[tʲɛmpʲɛratu:'ra]
thermometer (de)	termomètras (v)	[tʲɛrmo'mʲɛtras]
barometer (de)	baromètras (v)	[baro'mʲɛtras]

vochtig (bn)	drégnas	['drʲe:gnas]
vochtigheid (de)	drėgmė̃ (m)	[drʲe:g'mʲe:]
hitte (de)	kaŕštis (v)	['karʃtʲɪs]
heet (bn)	kaŕštas	['karʃtas]
het is heet	kaŕšta	['karʃta]

| het is warm | šìlta | ['ʃʲɪlʲta] |
| warm (bn) | šìltas | ['ʃʲɪlʲtas] |

| het is koud | šálta | ['ʃalʲta] |
| koud (bn) | šáltas | ['ʃalʲtas] |

zon (de)	sáulė (m)	['sɑʊlʲe:]
schijnen (de zon)	šviẽsti	['ʃvʲɛstʲɪ]
zonnig (~e dag)	saulėta	[sɑʊ'lʲe:ta]
opgaan (ov. de zon)	pakìlti	[pa'kʲɪlʲtʲɪ]
ondergaan (ww)	léistis	['lʲɛɪstʲɪs]
wolk (de)	debesìs (v)	[dʲɛbʲɛ's'ɪs]
bewolkt (bn)	debesúota	[dʲɛbʲɛ'sʊata]

regenwolk (de)	debesìs (v)	[dʲɛbʲɛ'sʲɪs]
somber (bn)	apsiniáukę	[apsʲɪ'nʲæʊkʲɛ:]

regen (de)	lietùs (v)	[lʲiɛ'tʊs]
het regent	lỹja	['lʲi:ja]
regenachtig (bn)	lietìngas	[lʲiɛ'tʲɪngas]
motregenen (ww)	lynóti	[lʲi:'notʲɪ]

plensbui (de)	liūtis (m)	['lʲu:tʲɪs]
stortbui (de)	liūtis (m)	['lʲu:tʲɪs]
hard (bn)	stiprùs	[stʲɪp'rʊs]
plas (de)	balà (m)	[ba'lʲa]
nat worden (ww)	šlàpti	['ʃlʲaptʲɪ]

mist (de)	rūkas (v)	['ru:kas]
mistig (bn)	miglótas	[mʲɪg'lʲotas]
sneeuw (de)	sniēgas (v)	['snʲɛgas]
het sneeuwt	sninga	['snʲɪŋga]

86. Zwaar weer. Natuurrampen

noodweer (storm)	perkūnija (m)	[pʲɛr'ku:nʲɪjɛ]
bliksem (de)	žaìbas (v)	['ʒʌɪbas]
flitsen (ww)	žaibúoti	[ʒʌɪ'bʊatʲɪ]

donder (de)	griaustìnis (v)	[grʲɛʊs'tʲɪnʲɪs]
donderen (ww)	griáudėti	['grʲæʊdʲe:tʲɪ]
het dondert	griáudėja griaustìnis	['grʲæʊdʲe:ja grʲɛʊs'tʲɪnʲɪs]

hagel (de)	krušà (m)	[krʊ'ʃa]
het hagelt	krìnta krušà	['krʲɪnta krʊ'ʃa]

overstromen (ww)	užlíeti	[ʊʒ'lʲiɛtʲɪ]
overstroming (de)	pótvynis (v)	['potvʲi:nʲɪs]

aardbeving (de)	žēmės drebéjimas (v)	['ʒʲæmʲe:s dre'bʲɛjɪmas]
aardschok (de)	smūgis (m)	['smu:gʲɪs]
epicentrum (het)	epiceñtras (v)	[ɛpʲɪ'tsʲɛntras]

uitbarsting (de)	išsiveržìmas (v)	[ɪʃsʲɪvʲɛr'ʒʲɪmas]
lava (de)	lavà (m)	[lʲa'va]

wervelwind (de)	víesulas (v)	['vʲiɛsʊlʲas]
windhoos (de)	tornãdo (v)	[tor'na:dɔ]
tyfoon (de)	taifūnas (v)	[tʌɪ'fu:nas]

orkaan (de)	uragãnas (v)	[ʊra'ga:nas]
storm (de)	audrà (m)	[ɑʊd'ra]
tsunami (de)	cunãmis (v)	[tsʊ'na:mʲɪs]

cycloon (de)	ciklónas (v)	[tsʲɪk'lʲonas]
onweer (het)	dárgana (m)	['dargana]
brand (de)	gaìsras (v)	['gʌɪsras]
ramp (de)	katastrofà (m)	[katastro'fa]

meteoriet (de)	meteorìtas (v)	[mʲɛtʲɛoˈrʲɪtas]
lawine (de)	lavinà (m)	[ɫavʲɪˈna]
sneeuwverschuiving (de)	griūtìs (m)	[grʲuːˈtʲɪs]
sneeuwjacht (de)	pūgà (m)	[puːˈga]
sneeuwstorm (de)	pūgà (m)	[puːˈga]

FAUNA

87. Zoogdieren. Roofdieren

roofdier (het)	**plėšrūnas** (v)	[plʲeːʃruːnas]
tijger (de)	**tìgras** (v)	[ˈtʲɪgras]
leeuw (de)	**liūtas** (v)	[ˈlʲuːtas]
wolf (de)	**vìlkas** (v)	[ˈvʲɪlʲkas]
vos (de)	**lãpė** (m)	[ˈlʲaːplʲeː]
jaguar (de)	**jaguãras** (v)	[jaguˈaːras]
luipaard (de)	**leopárdas** (v)	[lʲɛoˈpardas]
jachtluipaard (de)	**gepárdas** (v)	[gʲɛˈpardas]
panter (de)	**panterà** (m)	[pantʲɛˈra]
poema (de)	**pumà** (m)	[pʊˈma]
sneeuwluipaard (de)	**snieginis leopárdas** (v)	[snʲiɛˈgʲɪnʲɪs lʲɛoˈpardas]
lynx (de)	**lūšis** (m)	[ˈlʲuːʃɪs]
coyote (de)	**kojòtas** (v)	[kɔˈjɔ tas]
jakhals (de)	**šakãlas** (v)	[ʃaˈkaːlʲas]
hyena (de)	**hienà** (m)	[ɣʲiɛˈna]

88. Wilde dieren

dier (het)	**gyvūnas** (v)	[gʲiːˈvuːnas]
beest (het)	**žvėrìs** (v)	[ʒvʲeːˈrʲɪs]
eekhoorn (de)	**voverė̃** (m)	[vovʲeˈrʲeː]
egel (de)	**ežỹs** (v)	[ɛʒʲiːs]
haas (de)	**kiškis, zuìkis** (v)	[ˈkʲɪʃkʲɪs], [ˈzʊɪkʲɪs]
konijn (het)	**triùšis** (v)	[ˈtrʲʊʃɪs]
das (de)	**barsùkas** (v)	[barˈsʊkas]
wasbeer (de)	**meškénas** (v)	[mʲɛʃˈkʲeːnas]
hamster (de)	**žiurkénas** (v)	[ʒʲʊrˈkʲeːnas]
marmot (de)	**švilpìkas** (v)	[ʃvʲɪlʲˈpʲɪkas]
mol (de)	**kurmis** (v)	[ˈkʊrmʲɪs]
muis (de)	**pelė̃** (m)	[pʲɛˈlʲeː]
rat (de)	**žiùrkė** (m)	[ˈʒʲʊrkʲeː]
vleermuis (de)	**šikšnósparnis** (v)	[ʃɪkʃˈnospar nʲɪs]
hermelijn (de)	**šermuonėlis** (v)	[ʃermʊaˈnʲeːlʲɪs]
sabeldier (het)	**sãbalas** (v)	[ˈsaːbalʲas]
marter (de)	**kiáunė** (m)	[ˈkʲæunʲeː]
wezel (de)	**žebenkštìs** (m)	[ʒʲɛbʲɛŋkʃˈtʲɪs]
nerts (de)	**audìnė** (m)	[ɑʊˈdʲɪnʲeː]

bever (de)	bẽbras (v)	['bʲæbras]
otter (de)	ũdra (m)	['uːdra]

paard (het)	arklỹs (v)	[arkˈlʲiːs]
eland (de)	bríedis (v)	[ˈbrʲiɛdʲɪs]
hert (het)	élnias (v)	[ˈɛlʲnʲæs]
kameel (de)	kupranugãris (v)	[kʊpranʊˈgaːrʲɪs]

bizon (de)	bizónas (v)	[bʲɪˈzonas]
oeros (de)	stumbras (v)	[ˈstʊmbras]
buffel (de)	búivolas (v)	[ˈbʊivolʲas]

zebra (de)	zèbras (v)	[ˈzʲɛbras]
antilope (de)	antilópė (m)	[antʲɪˈlʲopʲeː]
ree (de)	stìrna (m)	[ˈstʲɪrna]
damhert (het)	daniẽlius (v)	[daˈnʲɛlʲʊs]
gems (de)	gemzė (m)	[ˈgʲɛmzʲeː]
everzwijn (het)	šérnas (v)	[ˈʃɛrnas]

walvis (de)	bangìnis (v)	[banˈgʲɪnʲɪs]
rob (de)	rúonis (v)	[ˈrʊɑnʲɪs]
walrus (de)	véplỹs (v)	[vʲeːpˈlʲiːs]
zeehond (de)	kótikas (v)	[ˈkotʲɪkas]
dolfijn (de)	delfìnas (v)	[dʲɛlʲˈfɪnas]

beer (de)	lokỹs (v), meška (m)	[lʲoˈkʲiːs], [mʲɛʃˈka]
IJsbeer (de)	baltàsis lokỹs (v)	[balʲˈtasʲɪs lʲoˈkʲiːs]
panda (de)	pánda (m)	[ˈpanda]

aap (de)	beždžiõnė (m)	[bʲɛʒˈdʒʲoːnʲeː]
chimpansee (de)	šimpánzė (m)	[ʃɪmˈpanzʲeː]
orang-oetan (de)	orangutángas (v)	[orangʊˈtangas]
gorilla (de)	gorilà (m)	[gorʲɪˈlʲa]
makaak (de)	makakà (m)	[makaˈka]
gibbon (de)	gibónas (v)	[gʲɪˈbonas]

olifant (de)	dramblỹs (v)	[dramˈblʲiːs]
neushoorn (de)	raganósis (v)	[ragaˈnoːsʲɪs]
giraffe (de)	žirafà (m)	[ʒʲɪraˈfa]
nijlpaard (het)	begemótas (v)	[bʲɛgʲɛˈmotas]

kangoeroe (de)	kengūrà (m)	[kʲɛnˈguːˈra]
koala (de)	koalà (m)	[kɔaˈlʲa]

mangoest (de)	mangustà (m)	[mangʊsˈta]
chinchilla (de)	šinšilà (m)	[ʃɪnʃɪˈlʲa]
stinkdier (het)	skùnkas (v)	[ˈskʊŋkas]
stekelvarken (het)	dygliuotis (v)	[dʲiːgˈlʲʊotʲɪs]

89. Huisdieren

poes (de)	katẽ (m)	[kaˈtʲeː]
kater (de)	kãtinas (v)	[ˈkaːtʲɪnas]
hond (de)	šuõ (v)	[ˈʃʊɑ]

paard (het)	arklỹs (v)	[ark'lʲi:s]
hengst (de)	eřžilas (v)	['ɛrʒɪlʲas]
merrie (de)	kumėlė (m)	[kʊ'mʲælʲe:]

koe (de)	kárvė (m)	['karvʲe:]
stier (de)	bùlius (v)	['bʊlʲʊs]
os (de)	jáutis (v)	['jɑutʲɪs]

schaap (het)	avìs (m)	[a'vʲɪs]
ram (de)	ãvinas (v)	['a:vʲɪnas]
geit (de)	ožkà (m)	[oʒ'ka]
bok (de)	ožỹs (v)	[o'ʒʲi:s]

| ezel (de) | ãsilas (v) | ['a:sʲɪlʲas] |
| muilezel (de) | mùlas (v) | ['mʊlʲas] |

varken (het)	kiaũlė (m)	['kʲɛʊlʲe:]
biggetje (het)	paršėlis (v)	[parʲʃælʲɪs]
konijn (het)	triùšis (v)	['trʲʊʃɪs]

| kip (de) | vištà (m) | [vʲɪʃ'ta] |
| haan (de) | gaidỹs (v) | [gʌɪ'dʲi:s] |

eend (de)	ántis (m)	['antʲɪs]
woerd (de)	añtinas (v)	['antʲɪnas]
gans (de)	žą̃sinas (v)	['ʒa:sʲɪnas]

| kalkoen haan (de) | kalakùtas (v) | [kalʲa'kʊtas] |
| kalkoen (de) | kalakùtė (m) | [kalʲa'kʊtʲe:] |

huisdieren (mv.)	namìniai gyvũnai (v dgs)	[na'mʲɪnʲɛɪ gʲi:'vu:nʌɪ]
tam (bijv. hamster)	prijaukìntas	[prʲɪjɛʊ'kʲɪntas]
temmen (tam maken)	prijaukìnti	[prʲɪjɛʊ'kʲɪntʲɪ]
fokken (bijv. paarden ~)	augìnti	[ɑʊ'gʲɪntʲɪ]

boerderij (de)	fèrma (m)	['fʲɛrma]
gevogelte (het)	namìnis paũkštis (v)	[na'mʲɪnʲɪs 'pɑʊkʃtʲɪs]
rundvee (het)	galvìjas (v)	[gal'vʲɪjɛs]
kudde (de)	bandà (m)	[ban'da]

paardenstal (de)	arklìdė (m)	[ark'lʲɪdʲe:]
zwijnenstal (de)	kiaulìdė (m)	[kʲɛʊ'lʲɪdʲe:]
koeienstal (de)	karvìdė (m)	[kar'vʲɪdʲe:]
konijnenhok (het)	triušìdė (m)	[trʲʊ'ʃɪdʲe:]
kippenhok (het)	vištìdė (m)	[vʲɪʃ'tʲɪdʲe:]

90. Vogels

vogel (de)	paũkštis (v)	['pɑʊkʃtʲɪs]
duif (de)	balañdis (v)	[ba'lʲandʲɪs]
mus (de)	žvìrblis (v)	['ʒvʲɪrblʲɪs]
koolmees (de)	zýlė (m)	['zʲi:lʲe:]
ekster (de)	šárka (m)	['ʃarka]
raaf (de)	vařnas (v)	['varnas]

kraai (de)	várna (m)	['varna]
kauw (de)	kúosa (m)	['kʊɑsa]
roek (de)	kovàs (v)	[kɔ'vas]
eend (de)	ántis (m)	['antʲɪs]
gans (de)	žą̃sinas (v)	['ʒa:sʲɪnas]
fazant (de)	fazãnas (v)	[fa'za:nas]
arend (de)	erẽlis (v)	[ɛ'rʲælʲɪs]
havik (de)	vãnagas (v)	['va:nagas]
valk (de)	sãkalas (v)	['sa:kalʲas]
gier (de)	grìfas (v)	['grʲɪfas]
condor (de)	kondòras (v)	[kɔn'doras]
zwaan (de)	gulbė̃ (m)	['gʊlʲbʲe:]
kraanvogel (de)	gérvė (m)	['gʲɛrvʲe:]
ooievaar (de)	gañdras (v)	['gandras]
papegaai (de)	papūgà (m)	[papu:'ga]
kolibrie (de)	kolìbris (v)	[kɔ'lʲɪbrʲɪs]
pauw (de)	póvas (v)	['povas]
struisvogel (de)	strùtis (v)	['strʊtʲɪs]
reiger (de)	garnỹs (v)	[gar'nʲi:s]
flamingo (de)	flamìngas (v)	[flʲa'mʲɪngas]
pelikaan (de)	pelikãnas (v)	[pʲɛlʲɪ'ka:nas]
nachtegaal (de)	lakštìngala (m)	[lʲakʃ'tʲɪngalʲa]
zwaluw (de)	kregždė̃ (m)	[krʲɛgʒ'dʲe:]
lijster (de)	strãzdas (v)	['stra:zdas]
zanglijster (de)	strãzdas giesmininkas (v)	['stra:zdas gʲiɛsmʲɪ'nʲɪŋkas]
merel (de)	juodàsis strãzdas (v)	[jʊɑ'dasʲɪs s'tra:zdas]
gierzwaluw (de)	čiurlỹs (v)	[tʂʲʊr'lʲi:s]
leeuwerik (de)	vyturỹs, vieversỹs (v)	[vʲi:tʊ'rʲi:s], [vʲiɛvɛr'sʲi:s]
kwartel (de)	pùtpelė (m)	['pʊtpelʲe:]
specht (de)	genỹs (v)	[gʲɛ'nʲi:s]
koekoek (de)	gegùtė (m)	[gʲɛ'gʊtʲe:]
uil (de)	peléda (m)	[pʲɛ'lʲe:da]
oehoe (de)	apúokas (v)	[a'pʊɑkas]
auerhoen (het)	kurtinỹs (v)	[kʊrtʲɪ'nʲi:s]
korhoen (het)	tẽtervinas (v)	['tʲætʲɛrvʲɪnas]
patrijs (de)	kurapkà (m)	[kʊrap'ka]
spreeuw (de)	varnénas (v)	[var'nʲe:nas]
kanarie (de)	kanarė̃lė (m)	[kana'rʲe:lʲe:]
hazelhoen (het)	jerubė̃ (m)	[jerʊ'bʲe:]
vink (de)	kikìlis (v)	[kʲɪ'kʲɪlʲɪs]
goudvink (de)	sniẽgena (m)	['snʲɛgʲɛna]
meeuw (de)	žuvė́dra (m)	[ʒʊ'vʲe:dra]
albatros (de)	albatròsas (v)	[alʲba'trosas]
pinguïn (de)	pingvìnas (v)	[pʲɪng'vʲɪnas]

91. Vis. Zeedieren

brasem (de)	karšis (v)	['karʃ'ɪs]
karper (de)	kárpis (v)	['karp'ɪs]
baars (de)	ešerỹs (v)	[ɛʃɛ'rʲi:s]
meerval (de)	šāmas (v)	['ʃa:mas]
snoek (de)	lydekà (m)	[lʲi:dʲɛ'ka]

zalm (de)	lašišà (m)	[lʲaʃɪ'ʃa]
steur (de)	erškétas (v)	[erʃ'kʲe:tas]

haring (de)	sĩlkė (m)	['sʲɪlʲkʲe:]
atlantische zalm (de)	lašišà (m)	[lʲaʃɪ'ʃa]
makreel (de)	skùmbrė (m)	['skʊmbrʲe:]
platvis (de)	plėkšnė (m)	['plʲækʃnʲe:]

snoekbaars (de)	starkis (v)	['stark'ɪs]
kabeljauw (de)	ménkė (m)	['mʲɛŋkʲe:]
tonijn (de)	tùnas (v)	['tʊnas]
forel (de)	upétakis (v)	[ʊ'pʲe:tak'ɪs]

paling (de)	ungurỹs (v)	[ʊngʊ'rʲi:s]
sidderrog (de)	elektrìnė rajà (m)	[ɛlʲɛk'trʲɪnʲe: ra'ja]
murene (de)	murėnà (m)	[mʊrʲɛ'na]
piranha (de)	pirānija (m)	[pʲɪ'ra:nʲɪjɛ]

haai (de)	ryklỹs (v)	[rʲɪk'lʲi:s]
dolfijn (de)	delfĩnas (v)	[dʲɛlʲ'fɪnas]
walvis (de)	bangìnis (v)	[ban'gʲɪnʲɪs]

krab (de)	krābas (v)	['kra:bas]
kwal (de)	medūzà (m)	[mʲɛdu:'za]
octopus (de)	aštuonkõjis (v)	[aʃtʊɑŋ'ko:jis]

zeester (de)	jū́ros žvaigždė̃ (m)	['ju:ros ʒvʌɪgʒ'dʲe:]
zee-egel (de)	jū́ros ežỹs (v)	['ju:ros ɛ'ʒʲi:s]
zeepaardje (het)	jū́ros arkliùkas (v)	['ju:ros ark'lʲʊkas]

oester (de)	áustrė (m)	['ɑʊstrʲe:]
garnaal (de)	krevėtė̃ (m)	[krʲɛ'vʲɛtʲe:]
kreeft (de)	omāras (v)	[o'ma:ras]
langoest (de)	langùstas (v)	[lʲan'gʊstas]

92. Amfibieën. Reptielen

slang (de)	gyvãtė (m)	[gʲi:'va:tʲe:]
giftig (slang)	nuodìngas	[nʊɑ'dʲɪngas]

adder (de)	angìs (v)	[an'gʲɪs]
cobra (de)	kobrà (m)	[kɔb'ra]
python (de)	pitònas (v)	[pʲɪ'tonas]
boa (de)	smauglỹs (v)	[smɑʊg'lʲi:s]
ringslang (de)	žaltỹs (v)	[ʒalʲ'tʲi:s]

| ratelslang (de) | barškuõlė (m) | [barʃ'kʊɑlʲeː] |
| anaconda (de) | anakònda (m) | [ana'konda] |

hagedis (de)	drìežas (v)	['drʲiɛʒas]
leguaan (de)	iguanà (m)	[ɪgʊa'na]
varaan (de)	varãnas (v)	[va'raːnas]
salamander (de)	salamándra (m)	[salʲa'mandra]
kameleon (de)	chameleònas (v)	[xamʲɛlʲɛ'onas]
schorpioen (de)	skorpiònas (v)	[skorpʲɪ'ɔnas]

schildpad (de)	vėžlỹs (v)	[vʲeːʒ'lʲiːs]
kikker (de)	varlė̃ (m)	[var'lʲeː]
pad (de)	rùpūžė (m)	['rʊpuːʒʲeː]
krokodil (de)	krokodìlas (v)	[kroko'dʲɪlʲas]

93. Insecten

insect (het)	vabzdỹs (v)	[vabz'dʲiːs]
vlinder (de)	drugēlis (v)	[drʊ'gʲæːlʲɪs]
mier (de)	skruzdėlė (m)	[skrʊz'dʲæːlʲeː]
vlieg (de)	mùsė (m)	['mʊsʲeː]
mug (de)	úodas (v)	['ʊɑdas]
kever (de)	vãbalas (v)	['vaːbalʲas]

wesp (de)	vapsvà (m)	[vaps'va]
bij (de)	bìtė (m)	['bʲɪtʲeː]
hommel (de)	kamãnė (m)	[ka'maːnʲeː]
horzel (de)	gylỹs (v)	[gʲiː'lʲiːs]

| spin (de) | vóras (v) | ['voras] |
| spinnenweb (het) | vorãtinklis (v) | [vo'raːtʲɪŋklʲɪs] |

libel (de)	laũmžirgis (v)	['lʲɑumʒʲɪrgʲɪs]
sprinkhaan (de)	žiógas (v)	['ʒʲogas]
nachtvlinder (de)	petelìškė (m)	[pʲɛtʲɛ'lʲɪʃkʲeː]

kakkerlak (de)	tarakõnas (v)	[tara'koːnas]
mijt (de)	érkė (m)	['ʲærkʲeː]
vlo (de)	blusà (m)	[blʲʊ'sa]
kriebelmug (de)	mãšalas (v)	['maːʃalʲas]

treksprinkhaan (de)	skėrỹs (v)	[skʲeː'rʲiːs]
slak (de)	sráigė (m)	['srʌɪgʲeː]
krekel (de)	svirplỹs (v)	[svʲɪrp'lʲiːs]
glimworm (de)	jõnvabalis (v)	['jɔːnvabalʲɪs]
lieveheersbeestje (het)	borùžė (m)	[bo'rʊʒʲeː]
meikever (de)	grambuolỹs (v)	[grambʊɑ'lʲiːs]

bloedzuiger (de)	dėlė̃ (m)	[dʲeː'lʲeː]
rups (de)	vìkšras (v)	['vʲɪkʃras]
aardworm (de)	slíekas (v)	['slʲiɛkas]
larve (de)	kirmėlė (m)	[kʲɪrme'lʲeː]

FLORA

94. Bomen

boom (de)	mēdis (v)	['mʲædʲɪs]
loof- (abn)	lapuõtis	[lʲapʊ'atʲɪs]
dennen- (abn)	spygliuõtis	[spʲiːgʲlʲʊoːtʲɪs]
groenblijvend (bn)	vìšžalis	['vʲɪsʒalʲɪs]

appelboom (de)	obelìs (m)	[obʲɛ'lʲɪs]
perenboom (de)	kriáušė (m)	['krʲæʊʃe:]
zoete kers (de)	trẽšnė (m)	['trʲæʃnʲe:]
zure kers (de)	vyšnià (m)	[vʲi:ʃnʲæ]
pruimelaar (de)	slyvà (m)	[slʲi:'va]

berk (de)	béržas (v)	['bʲɛrʒas]
eik (de)	ą́žuolas (v)	['a:ʒʊalʲas]
linde (de)	líepa (m)	['lʲiɛpa]
esp (de)	drebulė̃ (m)	[drebʊ'lʲe:]
esdoorn (de)	klẽvas (v)	['klʲævas]

spar (de)	ẽglė (m)	['ʲæglʲe:]
den (de)	pušìs (m)	[pʊ'ʃɪs]
lariks (de)	maũmedis (v)	['maʊmʲedʲɪs]
zilverspar (de)	kẽnis (v)	['kʲe:nʲɪs]
ceder (de)	kèdras (v)	['kʲɛdras]

populier (de)	túopa (m)	['tʊapa]
lijsterbes (de)	šermùkšnis (v)	[ʃɛr'mʊkʃnʲɪs]
wilg (de)	glúosnis (v)	['glʲʊasnʲɪs]
els (de)	álksnis (v)	['alʲksnʲɪs]
beuk (de)	bùkas (v)	['bʊkas]
iep (de)	gúoba (m)	['gʊaba]
es (de)	úosis (v)	['ʊasʲɪs]
kastanje (de)	kaštõnas (v)	[kaʃ'to:nas]

magnolia (de)	magnòlija (m)	[mag'nolʲɪjɛ]
palm (de)	pálmė (m)	['palʲmʲe:]
cipres (de)	kiparìsas (v)	[kʲɪpa'rʲɪsas]
mangrove (de)	mañgro mēdis (v)	['mañgrɔ 'mʲædʲɪs]
baobab (apenbroodboom)	baobābas (v)	[bao'ba:bas]
eucalyptus (de)	eukalìptas (v)	[ɛʊka'lʲɪptas]
mammoetboom (de)	sekvojà (m)	[sʲɛkvo:'jɛ]

95. Heesters

struik (de)	krū́mas (v)	['kru:mas]
heester (de)	krūmýnas (v)	[kru:'mʲi:nas]

| wijnstok (de) | vynuogýnas (v) | [vʲi:nuɑ'gʲi:nas] |
| wijngaard (de) | vynuogýnas (v) | [vʲi:nuɑ'gʲi:nas] |

frambozenstruik (de)	aviėtė (m)	[a'vʲɛtʲe:]
rode bessenstruik (de)	raudonãsis serbeñtas (v)	[rɑudo'nasʲɪs sʲɛr'bʲɛntas]
kruisbessenstruik (de)	agrãstas (v)	[ag'ra:stas]

acacia (de)	akãcija (m)	[a'ka:tsʲɪjɛ]
zuurbes (de)	raugeřškis (m)	[rɑʊ'gʲɛrʃkʲɪs]
jasmijn (de)	jazmìnas (v)	[jaz'mʲɪnas]

jeneverbes (de)	kadagỹs (v)	[kada'gʲi:s]
rozenstruik (de)	rõžių krũmas (v)	['ro:ʒʲu: 'kru:mas]
hondsroos (de)	erškẽtis (v)	[erʃ'kʲe:tʲɪs]

96. Vruchten. Bessen

vrucht (de)	vaĩsius (v)	['vʌɪsʲʊs]
vruchten (mv.)	vaĩsiai (v dgs)	['vʌɪsʲɛɪ]
appel (de)	obuolỹs (v)	[obʊɑ'lʲi:s]
peer (de)	kriáušė (m)	['krʲæʊʃe:]
pruim (de)	slyvà (m)	[slʲi:'va]

aardbei (de)	brãškė (m)	['bra:ʃkʲe:]
zure kers (de)	vyšnià (m)	[vʲi:ʃ'nʲæ]
zoete kers (de)	trẽšnė (m)	['trʲæʃnʲe:]
druif (de)	vỹnuogės (m dgs)	['vʲi:nuɑgʲe:s]

framboos (de)	aviėtė (m)	[a'vʲɛtʲe:]
zwarte bes (de)	juodíeji serbeñtai (v dgs)	[jʊɑ'dʲiɛjɪ sʲɛr'bʲɛntʌɪ]
rode bes (de)	raudoníeji serbeñtai (v dgs)	[raʊdo'nʲɛji sʲɛr'bʲɛntʌɪ]

| kruisbes (de) | agrãstas (v) | [ag'ra:stas] |
| veenbes (de) | spañguolė (m) | ['spaŋgʊɑlʲe:] |

sinaasappel (de)	apelsìnas (v)	[apʲɛlʲ'sʲɪnas]
mandarijn (de)	mandarìnas (v)	[manda'rʲɪnas]
ananas (de)	ananãsas (v)	[ana'na:sas]

| banaan (de) | banãnas (v) | [ba'na:nas] |
| dadel (de) | datùlė (m) | [da'tʊlʲe:] |

citroen (de)	citrinà (m)	[tsʲɪtrʲɪ'na]
abrikoos (de)	abrikõsas (v)	[abrʲɪ'kosas]
perzik (de)	pèrsikas (v)	['pʲɛrsʲɪkas]

| kiwi (de) | kìvis (v) | ['kʲɪvʲɪs] |
| grapefruit (de) | greĩpfrutas (v) | ['grʲɛɪpfrʊtas] |

bes (de)	úoga (m)	['ʊɑga]
bessen (mv.)	úogos (m dgs)	['ʊɑgos]
vossenbes (de)	brùknės (m dgs)	['brʊknʲe:s]
bosaardbei (de)	žẽmuogės (m dgs)	['ʒʲæmʊɑgʲe:s]
bosbes (de)	mėlỹnės (m dgs)	[mʲe:'lʲi:nʲe:s]

97. Bloemen. Planten

bloem (de)	gėlė (m)	[gʲeːˈlʲeː]
boeket (het)	puókštė (m)	[ˈpʊɑkʃtʲeː]
roos (de)	rõžė (m)	[ˈroːʒʲeː]
tulp (de)	tùlpė (m)	[ˈtʊlʲpʲeː]
anjer (de)	gvazdìkas (v)	[gvazˈdʲɪkas]
gladiool (de)	kardėlis (v)	[karˈdʲælʲɪs]
korenbloem (de)	rugiagėlė (m)	[ˈrʊgʲægʲeːˈlʲeː]
klokje (het)	varpėlis (v)	[varˈpʲælʲɪs]
paardenbloem (de)	piẽnė (m)	[ˈpʲɛnʲeː]
kamille (de)	ramùnė (m)	[raˈmʊnʲeː]
aloë (de)	alijõšius (v)	[alʲɪˈjɔːʃʊs]
cactus (de)	kãktusas (v)	[ˈkaːktʊsas]
ficus (de)	fìkusas (v)	[ˈfʲɪkʊsas]
lelie (de)	lelijà (m)	[lʲɛlʲɪˈja]
geranium (de)	pelargònija (m)	[pʲɛlʲarˈgonʲɪjɛ]
hyacint (de)	hiacìntas (v)	[ɣʲɪjaˈtsʲɪntas]
mimosa (de)	mimozà (m)	[mʲɪmoˈza]
narcis (de)	narcìzas (v)	[narˈtsʲɪzas]
Oostindische kers (de)	nastùrta (m)	[nasˈtʊrta]
orchidee (de)	orchidėja (m)	[orxʲɪˈdʲeːja]
pioenroos (de)	bijũnas (v)	[bʲɪˈjuːnas]
viooltje (het)	našlaitė (m)	[naʃˈlʲʌɪtʲeː]
driekleurig viooltje (het)	darželinė našláitė (m)	[darˈʒʲælʲɪnʲeː naʃˈlʌɪtʲeː]
vergeet-mij-nietje (het)	neužmirštuõlė (m)	[nʲɛʊʒmʲɪrʃˈtʊalʲeː]
madeliefje (het)	saulùtė (m)	[sɑʊˈlʲʊtʲeː]
papaver (de)	aguonà (m)	[agʊɑˈna]
hennep (de)	kanãpė (m)	[kaˈnaːpʲeː]
munt (de)	mėtà (m)	[mʲeːˈta]
lelietje-van-dalen (het)	pakalnùtė (m)	[pakalʲˈnʊtʲeː]
sneeuwklokje (het)	sniẽgena (m)	[ˈsnʲɛgʲɛna]
brandnetel (de)	dilgėlė (m)	[dʲɪlʲˈgʲælʲeː]
veldzuring (de)	rūgštýnė (m)	[ruːgʃˈtʲiːnʲeː]
waterlelie (de)	vandeñs lelijà (m)	[vanˈdʲɛns lʲɛlʲɪˈja]
varen (de)	papártis (v)	[paˈpartʲɪs]
korstmos (het)	kérpė (m)	[ˈkʲɛrpʲeː]
oranjerie (de)	oranžèrija (m)	[oranˈʒʲɛrʲɪjɛ]
gazon (het)	gazònas (v)	[gaˈzonas]
bloemperk (het)	klòmba (m)	[ˈklʲomba]
plant (de)	áugalas (v)	[ˈɑʊgalʲas]
gras (het)	žolė (m)	[ʒoˈlʲeː]
grasspriet (de)	žolėlė (m)	[ʒoˈlʲælʲeː]

blad (het)	lãpas (v)	['lʲaːpas]
bloemblad (het)	žíedlapis (v)	['ʒʲiɛdlʲapʲɪs]
stengel (de)	stíebas (v)	['stʲiɛbas]
knol (de)	gum̃bas (v)	['gʊmbas]
scheut (de)	želmuõ (v)	[ʒʲɛlʲ'mʊɑ]
doorn (de)	spyglỹs (v)	[spʲiːg'lʲiːs]
bloeien (ww)	žydéti	[ʒʲiː'dʲeːtʲɪ]
verwelken (ww)	výsti	['vʲiːstʲɪ]
geur (de)	kvãpas (v)	['kvaːpas]
snijden (bijv. bloemen ~)	nupjáuti	[nʊ'pjɑʊtʲɪ]
plukken (bloemen ~)	nuskìnti	[nʊ'skʲɪntʲɪ]

98. Granen, graankorrels

graan (het)	grū́das (v)	['gruːdas]
graangewassen (mv.)	grūdìnės kultū́ros (m dgs)	[gruː'dʲɪnʲeːs kʊlʲ'tuːros]
aar (de)	várpa (m)	['varpa]
tarwe (de)	kviečiaĩ (v dgs)	[kvʲiɛ'tʂʲɛɪ]
rogge (de)	rugiaĩ (v dgs)	[rʊ'gʲɛɪ]
haver (de)	ãvižos (m dgs)	['aːvʲɪʒos]
gierst (de)	sóra (m)	['sora]
gerst (de)	miẽžiai (v dgs)	['mʲɛʒʲɛɪ]
maïs (de)	kukurū́zas (v)	[kʊkʊ'ruːzas]
rijst (de)	rýžiai (v)	['rʲiːʒʲɛɪ]
boekweit (de)	grìkiai (v dgs)	['grʲɪkʲɛɪ]
erwt (de)	žìrniai (v dgs)	['ʒʲɪrnʲɛɪ]
boon (de)	pupẽlės (m dgs)	[pʊ'pʲælʲeːs]
soja (de)	sojà (m)	[so:'jɛ]
linze (de)	lę̃šiai (v dgs)	['lʲɛːʃʲɛɪ]
bonen (mv.)	pùpos (m dgs)	['pʊpos]

LANDEN VAN DE WERELD

99. Landen. Deel 1

Afghanistan (het)	**Afganistānas** (v)	[afganⁱɪ'sta:nas]
Albanië (het)	**Albānija** (m)	[alⁱ'ba:nⁱɪjɛ]
Argentinië (het)	**Argentinà** (m)	[argⁱɛntⁱɪ'na]
Armenië (het)	**Arménija** (m)	[ar'mⁱe:nⁱɪjɛ]
Australië (het)	**Austrālija** (m)	[aʊs'tra:lⁱɪjɛ]
Azerbeidzjan (het)	**Azerbaidžānas** (v)	[azⁱɛrbʌɪ'dʒa:nas]

Bahama's (mv.)	**Bahāmų salōs** (m dgs)	[ba'ɣamu: 'salⁱo:s]
Bangladesh (het)	**Bangladēšas** (v)	[banglⁱa'dⁱɛʃas]
België (het)	**Belgija** (m)	['bⁱɛlⁱgⁱɪjɛ]
Bolivia (het)	**Bolivija** (m)	[bo'lⁱɪvⁱɪjɛ]
Bosnië en Herzegovina (het)	**Bòsnija ir̃ Hercegovinà** (m)	['bosnⁱɪja ir ɣⁱɛrtsⁱɛgovⁱɪ'na]
Brazilië (het)	**Brazìlija** (m)	[bra'zⁱɪlⁱɪjɛ]
Bulgarije (het)	**Bulgārija** (m)	[bʊlⁱ'ga:rⁱɪjɛ]

Cambodja (het)	**Kambodžà** (m)	[kambo'dʒa]
Canada (het)	**Kanadà** (m)	[kana'da]
Chili (het)	**Čìlė** (m)	['tʃⁱɪlⁱe:]
China (het)	**Kìnija** (m)	['kⁱɪnⁱɪjɛ]
Colombia (het)	**Kolumbija** (m)	[kɔ'lⁱʊmbⁱɪjɛ]
Cuba (het)	**Kubà** (m)	[kʊ'ba]
Cyprus (het)	**Kìpras** (v)	['kⁱɪpras]

Denemarken (het)	**Dānija** (m)	['da:nⁱɪjɛ]
Dominicaanse Republiek (de)	**Dominikos Respùblika** (m)	[domⁱɪ'nⁱɪkos rⁱɛs'pʊblⁱɪka]
Duitsland (het)	**Vokietija** (m)	[vokⁱiɛ'tⁱɪja]
Ecuador (het)	**Ekvadòras** (v)	[ɛkva'doras]
Egypte (het)	**Egìptas** (v)	[ɛ'gⁱɪptas]
Engeland (het)	**Ánglija** (m)	['anglⁱɪjɛ]

Estland (het)	**Èstija** (m)	['ɛstⁱɪjɛ]
Finland (het)	**Súomija** (m)	['sʊɑmⁱɪjɛ]
Frankrijk (het)	**Prancūzijà** (m)	[prantsu:zⁱɪ'ja]
Frans-Polynesië	**Prancūzijos Polinèzija** (m)	[prantsu:'zⁱɪjos polⁱɪ'nⁱɛzⁱɪjɛ]
Georgië (het)	**Grùzija** (m)	['grʊzⁱɪjɛ]
Ghana (het)	**Ganà** (m)	[ga'na]

Griekenland (het)	**Graìkija** (m)	['grʌɪkⁱɪjɛ]
Groot-Brittannië (het)	**Didžiōji Britānija** (m)	[dⁱɪ'dʒⁱo:jɪ brⁱɪ'ta:nⁱɪjɛ]
Haïti (het)	**Haìtis** (v)	[ɣʌ'ɪtⁱɪs]
Hongarije (het)	**Veñgrija** (m)	['vⁱɛŋgrⁱɪjɛ]
Ierland (het)	**Aìrija** (m)	['ʌɪrⁱɪjɛ]
IJsland (het)	**Islandija** (m)	[ɪs'lⁱandⁱɪjɛ]

India (het)	**Ìndija** (m)	['ɪndⁱɪjɛ]
Indonesië (het)	**Indonezijà** (m)	[ɪndonⁱɛzⁱɪ'ja]

Irak (het)	Irãkas (v)	[ɪ'ra:kas]
Iran (het)	Irãnas (v)	[ɪ'ra:nas]
Israël (het)	Izraèlis (v)	[ɪzraⁱ'ɛlʲɪs]
Italië (het)	Itãlija (m)	[ɪ'ta:lʲɪjɛ]

100. Landen. Deel 2

Jamaica (het)	Jamáika (m)	[ja'mʌɪka]
Japan (het)	Japònija (m)	[ja'ponʲɪjɛ]
Jordanië (het)	Jordãnija (m)	[jɔr'da:nʲɪjɛ]
Kazakstan (het)	Kazãchija (m)	[ka'za:xʲɪjɛ]
Kenia (het)	Kènija (m)	['kʲɛnʲɪjɛ]
Kirgizië (het)	Kirgìzija (m)	[kʲɪr'gʲɪzʲɪjɛ]
Koeweit (het)	Kuvèitas (v)	[kʊ'vʲɛɪtas]

Kroatië (het)	Kroãtija (m)	[kro'a:tʲɪjɛ]
Laos (het)	Laòsas (v)	[lʲa'osas]
Letland (het)	Lãtvija (m)	['lʲa:tvʲɪjɛ]
Libanon (het)	Libãnas (v)	[lʲɪ'banas]
Libië (het)	Lìbija (m)	['lʲɪbʲɪjɛ]
Liechtenstein (het)	Lìchtenšteinas (v)	['lʲɪxtʲɛnʃtʲɛɪnas]
Litouwen (het)	Lietuvã (m)	[lʲiɛtʊ'va]

Luxemburg (het)	Liùksemburgas (v)	['lʲʊksʲɛmbʊrgas]
Macedonië (het)	Makedònija (m)	[makʲɛ'donʲɪjɛ]
Madagaskar (het)	Madagaskãras (v)	[madagas'ka:ras]
Maleisië (het)	Maláizija (m)	[ma'lʲʌɪzʲɪjɛ]
Malta (het)	Málta (m)	['malʲta]
Marokko (het)	Maròkas (v)	[ma'rokas]
Mexico (het)	Mèksika (m)	['mʲɛksʲɪka]

Moldavië (het)	Moldãvija (m)	[molʲ'da:vʲɪjɛ]
Monaco (het)	Mònakas (v)	['monakas]
Mongolië (het)	Mongòlija (m)	[mon'golʲɪjɛ]
Montenegro (het)	Juodkalnijã (m)	[jʊɔdkalʲnʲɪ'ja]
Myanmar (het)	Mianmãras (v)	[mʲæn'ma:ras]
Namibië (het)	Namìbija (m)	[na'mʲɪbʲɪjɛ]
Nederland (het)	Nýderlandai (v dgs)	['nʲɪ:dʲɛrlʲandʌɪ]

Nepal (het)	Nepãlas (v)	[nʲɛ'pa:lʲas]
Nieuw-Zeeland (het)	Naujòji Zelándija (m)	[nɑʊ'jɔ:jɪ zʲɛ'lʲandʲɪjɛ]
Noord-Korea (het)	Šiáurės Koréja (m)	['ʃæʊrʲe:s ko'rʲe:ja]
Noorwegen (het)	Norvègija (m)	[nor'vʲɛgʲɪjɛ]
Oekraïne (het)	Ukrainã (m)	[ʊkrʌɪ'na]
Oezbekistan (het)	Uzbèkija (m)	[ʊz'bʲɛkʲɪjɛ]
Oostenrijk (het)	Áustrija (m)	['ɑʊstrʲɪjɛ]

101. Landen. Deel 3

Pakistan (het)	Pakistãnas (v)	[pakʲɪ'sta:nas]
Palestijnse autonomie (de)	Palestìna (m)	[palʲɛs'tʲɪna]
Panama (het)	Panamã (m)	[pana'ma]

Nederlands	Litouws	Uitspraak
Paraguay (het)	Paragvājus (v)	[parag'va:jʊs]
Peru (het)	Perū (v)	[pʲɛ'rʊ]
Polen (het)	Lénkija (m)	[ˈlʲɛŋkʲɪjɛ]
Portugal (het)	Portugālija (m)	[portʊ'ga:lʲɪjɛ]
Roemenië (het)	Rumūnija (m)	[rʊ'mʊnʲɪjɛ]
Rusland (het)	Rùsija (m)	[ˈrʊsʲɪjɛ]
Saoedi-Arabië (het)	Saūdo Arābija (m)	[sa'ʊdɔ a'ra:bʲɪjɛ]
Schotland (het)	Škòtija (m)	[ˈʃkotʲɪjɛ]
Senegal (het)	Senegālas (v)	[sʲɛnʲɛ'ga:lʲas]
Servië (het)	Sèrbija (m)	[ˈsʲɛrbʲɪjɛ]
Slovenië (het)	Slovénija (m)	[slʲo'vʲe:nʲɪjɛ]
Slowakije (het)	Slovākija (m)	[slʲo'va:kʲɪjɛ]
Spanje (het)	Ispānija (m)	[ɪs'pa:nʲɪjɛ]
Suriname (het)	Surināmis (v)	[sʊrʲɪ'namʲɪs]
Syrië (het)	Sìrija (m)	[ˈsʲɪrʲɪjɛ]
Tadzjikistan (het)	Tadžìkija (m)	[tad'ʒʲɪkʲɪjɛ]
Taiwan (het)	Taivānis (v)	[tʌɪ'vanʲɪs]
Tanzania (het)	Tanzānija (m)	[tan'za:nʲɪjɛ]
Tasmanië (het)	Tasmānija (m)	[tas'ma:nʲɪjɛ]
Thailand (het)	Tailándas (v)	[tʌɪ'lʲandas]
Tsjechië (het)	Čèkija (m)	[ˈtʂʲɛkʲɪjɛ]
Tunesië (het)	Tunìsas (v)	[tʊ'nʲɪsas]
Turkije (het)	Tùrkija (m)	[ˈtʊrkʲɪjɛ]
Turkmenistan (het)	Turkménija (m)	[tʊrk'mʲe:nʲɪjɛ]
Uruguay (het)	Urugvājus (v)	[ʊrʊg'va:jʊs]
Vaticaanstad (de)	Vatikānas (v)	[vatʲɪka:nas]
Venezuela (het)	Venesuelà (m)	[vʲɛnʲɛsʊʲɛ'lʲa]
Verenigde Arabische Emiraten	Jungtìniai Arābų Emiratai (v dgs)	[jʊŋk'tʲɪnʲɛɪ a'ra:bu: ɛmʲɪratʌɪ]
Verenigde Staten van Amerika	Jungtìnės Amèrikos Valstijos (m dgs)	[jʊŋk'tʲɪnʲe:s a'mʲɛrʲɪkos valʲs'tʲɪjɔs]
Vietnam (het)	Vietnāmas (v)	[vʲɛt'na:mas]
Wit-Rusland (het)	Baltarùsija (m)	[balʲta'rʊsʲɪjɛ]
Zanzibar (het)	Zanzibāras (v)	[zanzʲɪ'ba:ras]
Zuid-Afrika (het)	Pietų āfrikos respùblika (m)	[pʲiɛ'tu: 'a:frʲɪkos rʲɛs'pʊblʲɪka]
Zuid-Korea (het)	Pietų Koréja (m)	[pʲiɛ'tu: ko'rʲe:ja]
Zweden (het)	Švèdija (m)	[ˈʃvʲɛdʲɪjɛ]
Zwitserland (het)	Šveicārija (m)	[ʃvʲɛɪ'tsa:rʲɪjɛ]